メゾンカイザーの
おいしいパンレシピ

家庭で楽しむ52の本格パン

First edition : LE GRAND LIVRE DU PAIN

Auteur : Éric Kayser
Photographies de Massimo Pessina
Stylisme de Delphine Lebrun
Relecture technique de Régis Garnaud

Direction de la publication : Isabelle Jeuge-Maynart et Ghislaine Stora
Direction éditoriale : Émilie Franc
Édition : Flore Beaugendre
Direction artistique : Géraldine Lamy
Couverture et création graphique : Valentine Antenni
Mise en pages : Lucile Jouret
Relecture : Natacha Dimakopoulos
Fabrication : Émilie Latour
Photogravure : Chromostyle
Illustrations : © Shutterstock

© Larousse 2021

This Japanese edition was produced and published in Japan in 2023
by Graphic-sha Publishing Co., Ltd.
1-14-17 Kudankita, Chiyoda-ku,
Tokyo 102-0073, Japan

Japanese translation © 2023 Graphic-sha Publishing Co., Ltd.

ISBN 978-4-7661-3773-6 C2077
Printed in Japan

メゾンカイザーの
おいしいパンレシピ

家庭で楽しむ52の本格パン

エリック・カイザー 著

マッシモ・ペシーナ 写真

木村周一郎 監修

AVANT-PROPOS

はじめに

2013年、『メゾンカイザーのパンレシピ とっておきのパン＆ヴィエノワーズリー 95のレシピ』が出版されました。その目標は、先人たちが大切にしてきた自然発酵種製法による「本物のパン」を取り戻すことでした。意識の高い消費者は、栄養価が低く味気ない工場製のパンに食傷し、「自分たちの食べ物を取り戻したい」「自分が食べるものに責任が持てるように材料を把握したい」と望むようになっていました。健康の源は食であることを念頭に、同書はこの強い要望に応えようとしたのです。

パンへの情熱にあふれる真のブーランジェ、エリック・カイザーにとってはチャレンジでした。1996年に創業したメゾンカイザーを成功に導いたパンのレシピを公開し、誰もが家庭で作れるようにしたのですから。同書は8か国語に翻訳され、20万部以上の売り上げを誇り、身体によいパンを手作りするためのバイブルになりました。パン作りの初心者でも、手に入る材料を使い、自分でルヴァン（自然発酵種）を仕込み、生地をこね、パンを焼くというように、家庭の台所で職人も顔負けのパンを生み出せるようになったのです。

それから数年、本書は前書の続編といえるでしょう。パン作りの基本は変わらずとも、古代小麦を新たな形で取り入れたり、一般的な粉以外の粉を用いたりすることによって、まったく新しいパンの世界が拓け、さまざまな驚きの味わいが生まれました。
マッシモ・ペシーナの美しい写真が捉えた52のレシピを通して、レンズ豆粉や地粉（地元で収穫され製粉された粉）などのように高タンパク質の粉や、古代小麦のアインコーン小麦粉（ヒトツブコムギ粉）のようにグルテンの非常に少ない粉など、個性的な粉の魅力を発見できます。そしてカムット小麦のパン、麻の実パン、バブカなど、ヘルシーでおいしいパンにも出会えるでしょう。もちろん、カイザーだからこそ、味わいもお墨つきです。

『メゾンカイザーのパンレシピ とっておきのパン＆ヴィエノワーズリー 95のレシピ』ではじまったパン作りの旅を、本書でさらに続けてみてください。
もちろん、パン作りがはじめての方も大歓迎です！ 前書同様にわかりやすく作り方をご紹介していますので、本書から一緒にパン作りの旅へ出かけましょう。

さあ、パンの神髄をこねあげる旅へ！

SOMMAIRE

もくじ

INTRODUCTION

パン作りの基本

LES PAINS
TRADITIONNELS
トラディショナルなパン／伝統的なパン

LES PAINS
AUX FARINES ATYPIQUES
グルテンフリー＆グルテン控えめのパン

LES PAINS
DU MONDE
世界のパン

LES PAINS
AUX INGRÉDIENTS
チーズやワインにあうパン

LES PAINS BRIOCHÉS
ブリオッシュ系のパン

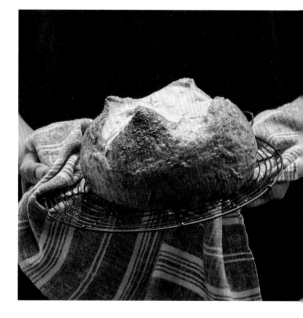

＊各レシピに記した主な作業の所要時間やオーブンの温度などは目安です。生地の状態
　を見ながら調整してください。

＊大さじ1＝15cc、小さじ1＝5cc、水1cc＝1mlです。

＊各レシピは室温（24〜27℃）での作業を前提にしています。

＊各レシピの打ち粉は、指示のある時以外、小麦粉（タイプ65、適量）またはレシピ中で使
　用している粉（適量）を使ってください。

＊本書で使っている型や道具、粉や材料は日本では入手できない場合があります。型や
　道具は近いサイズのものなどで代用し、粉や材料は入手できた際に作ってみてください。

INTRODUCTION

パン作りの基本

TOUT SUR LES FARINES

粉について

小麦粉

小麦には何千種類もの品種が存在し、軟質小麦と硬質小麦に区別できます。小麦粉とは一言でいえば小麦の粒を挽いたもので、製粉した状態でパンやヴィエノワーズリー、お菓子、パスタなどを作るのに使われます。ここでは、タイプ数による分類（フランスでいうタイプ45やタイプ80など）や、全粒粉やデュラムセモリナ粉といった種類の中から、どのように適切な粉を選べばよいのか紹介しましょう。

〈硬質小麦〉
ガラスのように粒が硬い小麦で、細かな粉末状に挽くのが難しいため、一般的には粗挽きにします。硬質小麦のデュラム小麦を粗挽きにしたセモリナ粉は、ふくらみが多少弱く、「セモリナ粉のパン（p.86）」のように、他の粉と混ぜて使われることがあります。

> **カムット小麦とは？**
> カムット小麦（ホラーサン小麦）は、エジプト原産の古代硬質小麦で、デュラム小麦の原種にあたります。タンパク質が豊富で味わい深いのが特徴です。単独または「カムット小麦のパン（p.92）」のように小麦粉と混ぜて使用することもあります。

〈軟質小麦〉
粒がやわらかいので挽きやすく、非常に粒子の細かい粉末状にして、パンやお菓子作りによく使用されます。とりわけ、気泡の入ったクラムに仕上がるため、ブリオッシュ生地に最適です。
多くの種類がありますが、灰分量によって「タイプ数」別に分類されます。灰分とは、外皮（ふすま）や胚芽部分に多く含まれるミネラル分のことで、この量を測定するには、少量の小麦粉を超高温（900℃）で焼却した時に燃え残る灰の量を指針とします。タイプの数値が低いほど「白い粉＝精製された粉」を意味し、灰分は少なくなります。タイプの数値が高いほど外皮を多く含み、全粒粉寄りになっていきます。

フランスで流通している小麦粉は、一般的に以下の6つのタイプに分類されます。

＊タイプ45
灰分量0.5％未満の真っ白い粉。

＊タイプ55
灰分量0.5〜0.6％未満の真っ白い粉。

＊タイプ65
灰分量0.62〜0.75％未満の白い粉。繊維やミネラルが豊富で、一般的なパン作りにおすすめです。

＊タイプ80（半全粒粉）
灰分量0.75〜0.9％。田舎パンや穀物パンなど、「素朴な」パンを作るのに最適。「ビーズ」と呼ばれることもあります。

＊タイプ110（全粒粉）
灰分量1〜1.2％。密度の高いパンができます。単独で、あるいは他の粉と混ぜて使うこともあります。

＊タイプ150（完全全粒粉）
灰分量1.4％以上。外皮を丸ごと含んだ粉。非常に密度の高いパンになり、単独または「ノルウェー風全粒粉のパン（p.68）」のように他の白い粉と混ぜて使ったり、「ルピナスシードパウダーとアーモンドのパン（p.90）」のように他の粉と混ぜて使うことができます。

タイプによる分類は、一般的に軟質小麦に適用されますが、ライ麦やアインコーン小麦、スペルト小麦など、他の穀物もタイプで分類されます。

> **オーガニックの全粒粉を！**
> フランスの全粒粉の場合、80、100、150とタイプの数値が上がるほど、外皮の含まれる割合が増えることを意味します。フランス製でも日本製でも外皮は農薬や殺虫剤で汚染されている可能性もあるため、全粒粉を使用する場合は、必ずオーガニックまたは合理農法の粉を選びましょう。

〈ファリーヌ・グリュオー（超強力粉）〉
高品質の軟質小麦から作られる粉。タイプ55の小麦粉よりもグルテンとタンパク質が豊富で、弾力性に富んでおり、膨張率が高いのが特徴です。ヴィエノワーズリーやブリオッシュ系のパンをはじめ、「ドライトマト＆バジルのチャバタ（p.128）」や「デーツのカレー風味パン（p.150）」のように、タイプ65の小麦粉と混ぜて作る生地に最適です。日本では「スーパーキング」の商品名で知られています。

> **強力粉とは？**
> タイプが同じ粉でも、タンパク質の含有量、とくにグルテンの含有量に違いがあります。そのため、小麦粉はグルテンの構成によって分類され、グルテンの含有量が多いほど、「強力な粉」となります。つまり、生地をこねることで形成されるグルテンの網目構造が、成形に耐えやすいということです。とくにプロが作るパンにおいては、タンパク質の強度（W）が180を超える小麦粉が理想的です。

日本での粉選び

日本で粉は「タンパク質の含有量（多い順に強力粉、準強力粉、中力粉、薄力粉）×灰分量」をもとにした等級の組みあわせで分類されます。フランスでいうタイプ65をモデルにした粉（フランスパン用粉）も作られており、入手可能です。フランスでいうタイプ80以上の粉は「全粒粉」に相当します。主な粉のタイプと代用できる粉の例は次の通りです※。タイプは違っても、フランスパン作りに適した風味豊かな小麦粉や代用できる小麦粉はたくさんあるので、作りたいパンのイメージや好みにあわせて粉選びも楽しんでください。

※フランスと日本の粉では灰分量が異なるため、灰分量と粒度、食感を基準に、専門店やインターネットなどで購入できる代用品を記載しています。オーガニックの粉は、本ページを参考に選んでみてください。代用品として掲載した粉に関するお問いあわせは、日清製粉株式会社まで（日清製粉株式会社 営業本部 営業部 Tel：03-5282-6360）。

〈小麦粉〉
＊タイプ45
「ソレドォル」
タンパク質が多く、作業性と品質が安定するフランスパン用小麦粉。ソフトなクラムとカリッとしたクラストのパンに仕上がります。

＊タイプ55
「メゾンカイザートラディショナル」
メゾンカイザーが製粉会社と共同開発したオリジナルの小麦粉。クラムには大小の気泡が入り、クラストはカリッと仕上がります。味わい深く香り豊かな、伝統的なフランスパンの味わいが再現できます。

「テロワール ビュール」
フランス産小麦100％使用。芳醇な味わいと歯切れのよいパンに仕上がります。

「ルスティカ」
作業性にすぐれ、外はカリッと、中はもっちりとした食感が特徴。小麦粉本来の素朴な味わいを楽しめます。

＊タイプ65
「テロワール ビュール（上記参照）」

「レジャンデール」
タンパク質と灰分含有量が高い小麦粉。深い味わいと香りが特徴で、パン・ド・カンパーニュなど個性的なパン作りに向いています。

＊タイプ70
「レジャンデール（上記参照）」

〈小麦全粒粉〉

「メゾンカイザートラディショナル（以後、MKT）」と「ロレンス」または「きたのまるこ」を組みあわせて使ったり、「きたのまるこ」と「グラハムブレッドフラワー」で代用します。

「ロレンス（以後、L）」は、味の濃い胚乳部を厳選し、独自の石臼挽き製法により作られた小麦粉。高い吸水力と保水力を誇り、自然な甘みの奥深いおいしさと、しっとりかつもっちりとした食感が特徴です。

「きたのまるこ（以後、K）」は、北海道産小麦粉100％の強力タイプの全粒粉。加水性が高く、えぐみが少なく、しっとりかつもっちりと仕上がります。

「グラハムブレッドフラワー（以後、G）」は、カナダ産の硬質小麦を細粒化した全粒粉。特徴のあるパン作りにおすすめです。

＊タイプ80
MKT：L＝65：35

＊タイプ110
MKT：K＝1：1

＊タイプ150
KまたはGのみ

＊タイプ170
Gのみ

〈ライ麦全粒粉〉

＊タイプ80
「メールダンケル」
最もポピュラーな色調の濃い高級ライ麦粉で、ヨーロッパタイプ、アメリカタイプなど、あらゆるライ麦パン作りに使えます。

＊タイプ130
「アーレファイン」
細挽タイプの全粒粉。ライ麦のナチュラルな風味と栄養をそのままに、ボリュームのあるソフトなパンに仕上げます。

＊タイプ170
「アーレファイン」1に対し「アーレミッテル」1の混合
「アーレミッテル」は中挽タイプの全粒粉。ライ麦ならではの風味としっとりした食感。クラッカーなど、パンの他にも一般的に使いやすい粉です。

その他の粉

本書で使用している粉をはじめ、パン作りに使える粉とその用途について紹介しましょう。日本では入手の難しい粉もありますが、手に入ったらぜひ作ってみてください。

＊ライ麦粉
素朴な味わいがかなり強い。パン用中力粉に20〜50％まで混ぜて使用できます。

＊そば粉
単独またはパン用中力粉と混ぜて使用できます。

＊大麦粉
パン用中力粉に25％まで混ぜて使用できます。

＊オーツ麦粉
やや甘みのある味わい。パン用中力粉に50％まで混ぜて使用できます。

＊とうもろこし粉（コーンフラワー）
100％まで使用可能。砂のようなもろい食感になります。

＊米粉
マイルドな味わい。パン用中力粉に50〜70％まで混ぜて使用可能。もろい食感の生地になります。

＊栗粉
甘くマイルドな味わいが特徴。パン用中力粉に20〜50％まで混ぜて使用できます。

＊アインコーン小麦粉（ヒトツブコムギ粉）
ナッツのような風味が特徴。パン用中力粉に30％まで混ぜて使用できます。

＊スペルト小麦粉
アインコーン小麦粉よりも強い風味が特徴。一般的な小麦粉（タイプ65や55）、米粉などベースとなる粉に50％まで混ぜて、あるいは単独で使用できます。ホロホロとした食感を出したい場合は、スペルト小麦粉の比率を高めるとよいでしょう。

＊レンズ豆粉
マイルドで軽い風味があります。パン用中力粉に25％まで混ぜて使用できます。

＊キビ粉
米粉や他のパン用中力粉と混ぜて使用することが多いものの、単独でも使用できます。

＊ひよこ豆粉
繊細で少し甘い風味があります。パン用中力粉に30〜40％まで混ぜて使用できます。

＊キヌア粉
少し苦味があります。パン用中力粉に20〜30％まで混ぜて使用できます。

＊ルパン豆粉（ルピナスシードパウダー）
少しヘーゼルナッツのような風味があります。パン用中力粉に30％まで混ぜて使用可能。また、バターや卵の代わりとしても使用できます。

＊レーズンシードパウダー
パン用中力粉に10〜15%まで混ぜて使用できます。

＊さつまいも粉
パン用中力粉に50%まで混ぜて使用できます。

＊デュラムセモリナ粉
デュラム小麦を粗挽きにしたもの。一般的にパスタやシリアル、
クスクスなどに用いられます。

> **ミックスして風味も栄養も豊かに！**
> パンやお菓子を作る際には、さまざまな雑穀やタイプの異な
> る粉を組みあわせ、風味とともにバランスよく栄養を摂取でき
> るようにするのがおすすめです。

グルテンを含む粉とグルテンフリーの粉

〈グルテンを含む粉〉
＊小麦粉
＊カムット小麦粉

＊オーツ麦粉
＊ライ麦粉
＊大麦粉
＊スペルト小麦粉

〈グルテンフリーの粉〉
＊そば粉
＊とうもろこし粉
＊米粉
＊玄米粉
＊栗粉
＊キヌア粉
＊ルパン豆粉
＊キビ粉
＊レンズ豆粉
＊ひよこ豆粉
＊さつまいも粉
など

> グルテンフリーの粉は、生地がきちんと練りあがったかの判断
> が難しいため、材料が均一に混ざるように気をつけましょう。

LES GRAINES & CO

シード＆ナッツ

以下のシード（種子）や雑穀、ナッツをパンに加えると、
食感やオリジナルの風味が楽しめます。

＊麻の実（ヘンプシード）
＊チアシード
＊かぼちゃの種（パンプキンシード）
＊亜麻の実（フラックスシード）
＊ケシの実（ポピーシード）
＊ごま
＊ひまわりの種

＊穀物のフレーク（オートミールなど）
＊ポップコーン
＊アーモンド
＊ヘーゼルナッツ
＊ピーカンナッツ
など

FARINE DE
LENTILLES VERTES

FARINE DE
CHÂTAIGNE

FARINE DE
QUINOA

FARINE DE
SARRASIN

左から栗粉、キヌア粉、緑レンズ豆粉、そば粉

FARINE DE
SEIGLE COMPLETE

FARINE DE
POIS CHICHE

FARINE DE
RIZ

左から米粉、ライ麦全粒粉、ひよこ豆粉

LES INGRÉDIENTS DE BASE

材料の選び方

パン作りには、粉、水、塩、ルヴァン、イーストという、5つの材料が必要不可欠。
こだわって選びましょう。

＊粉
選択肢は多数あります。「粉について（p.14）」を参照のこと。

＊水
理想的には湧き水。または、濾過して石灰質や不純物を取り除いた水道水を使用します。

＊塩
ミネラルが豊富で未精製の塩。

＊ルヴァン（液体または生地状）
仕込み方は「ルヴァン（p.22）」を参照のこと。

＊ドライイースト
ルヴァンリキッド（液体自然発酵種、p.22）の代わりに使えますが、併用する生イーストが酵母の活動を部分的に妨げる可能性があります。

＊生イースト
製パンの原料を扱うお店やオンラインショップで入手できる他、パン屋でも購入できる場合があります。ルヴァンの活動の補助的な役割を果たしますが、その代用にはなりえません。小麦粉と水を混ぜたものに、細かくほぐして混ぜます。塩は、イーストの発酵の効力を弱めるため、ボウルに入れる時は、塩と直接触れないようになるべく離れたところに入れましょう。また保存は0〜10℃の冷蔵庫で行います。

＊その他の材料
シード、チーズ、ドライフルーツ、ナッツ、砂糖、オイル（オリーブ、ごま、ヘーゼルナッツなどの植物油）、はちみつ、牛乳などを加えるレシピもあります。材料の選択肢は無限大です。仕上がりに大きく影響するので、必ず高品質のものを選んでください。

LE LEVAIN

ルヴァン

エリック・カイザーは創業当初から、ルヴァンリキッド（液体自然発酵種）を使用した伝統な自然発酵種製法のパン作りを提唱してきました。この製法で用いるルヴァン（自然発酵種）はパンの歴史と密接な関係があります。水と粉を混ぜあわせ、定期的にリフレッシュ（かけつぎ）したものは、パン生地を発酵させる最古の方法として用いられてきたものです。しかし、20世紀になると、パン職人たちは、このことを忘れ、管理が難しくなく、効率よくパンをふくらますことのできるイースト（パン酵母）を好んで使うようになりました。とはいえ、ルヴァンで作ったパンに比べて保存性が悪く、風味も劣るというマイナス面もあり、それがカイザーがこの製法を復活させることにした最大の理由です。

ルヴァンは、粉の重量に対して加える水の量によって、ルヴァンリキッドとルヴァンデュール（生地状自然発酵種）に分類されます。ルヴァンリキッドをドライイーストに置き換える場合は、ルヴァンリキッド150gに対してドライイースト約75gを目安としてください。また、アインコーン小麦粉やライ麦など、小麦粉以外で作るルヴァンは、小麦粉をそれぞれの粉に置き換えて作ります。

ルヴァンリキッド

材料（約700g分）

1日目
オーガニックの全粒粉
（タイプ150、またはオーガニックの石臼挽き小麦粉）······50g
ぬるま湯（38～40℃）······50g

2日目
オーガニックの小麦粉（タイプ65）······100g
ぬるま湯（38～40℃）······100g
はちみつ······20g
1日目の種······全量

3日目
オーガニックの小麦粉（タイプ65）······200g
ぬるま湯（38～40℃）······200g
2日目の種······全量

作り方

1日目
1. ボウルに全粒粉とぬるま湯を入れ、ホイッパーで混ぜる。
2. 濡れ布きんをかぶせ、室温（20～25℃）で24時間発酵させる。
   ※表面が固まっていたら、その都度混ぜてください。

2日目
1. 別のボウルに小麦粉、ぬるま湯、はちみつを入れ、ホイッパーで混ぜる。
2. 1日目の種を加えて混ぜ、濡れ布きんをかぶせ、室温で24時間発酵させる。

3日目
1. 別のボウルに小麦粉とぬるま湯を入れ、ホイッパーで混ぜる。
2. 2日目の種を加えて混ぜ、濡れ布きんをかぶせて室温で12時間発酵させる。

これでルヴァンリキッドの完成。どろっと濃厚なクレープ生地のような、指ですくって垂れないくらいの状態になっているはずです。この状態になればパン作りに使えます。

ルヴァンリキッドの酵母が活発に活動するのは、リフレッシュしてからおよそ2日間。そのため2日に1度、ルヴァンリキッドの重量の50％の水と小麦粉を加え、リフレッシュして活性化させてください。例えば、ルヴァンリキッドが300g残っている場合、小麦粉75gと水75gを加えます。密閉容器に移し、冷蔵庫に入れれば、4日間ほど保存可能です。

ルヴァンデュール

材料（約650g分）

1日目
　ライ麦粉（できればオーガニックのもの）……60g
　ぬるま湯（30℃）……60g

2日目
　オーガニックの石臼挽き小麦粉……100g
　ぬるま湯（30℃）……50g
　はちみつ……20g
　1日目の種…… 全量

3日目
　オーガニックの石臼挽き小麦粉……250g
　ぬるま湯（30℃）……135g
　2日目の種…… 全量

作り方

1日目
1. ボウルにライ麦粉とぬるま湯を入れ、ホイッパーで混ぜる。
2. 濡れ布きんをかぶせ、室温（20〜25℃）で24時間発酵させる（ **1** ）。

2日目
1. 別のボウルに石臼挽き小麦粉、ぬるま湯、はちみつを入れてホイッパーで混ぜる。
2. 1日目の種を加えて混ぜ、濡れ布きんをかぶせて室温で24時間発酵させる（ **2** ）。

3日目
1. 別のボウルに石臼挽き小麦粉とぬるま湯を入れ、手で混ぜる。
2. 2日目の種を加えて混ぜ、濡れ布きんをかぶせて室温で12時間発酵させる。

これでルヴァンデュールの完成（ **3** ）。この状態でパン作りに使えます。
ルヴァンデュールの酵母が活発に活動するのは、リフレッシュしてからおよそ2日間。そのため2日に1度、ルヴァンデュールの重量の50％の水と小麦粉を加え、リフレッシュして活性化させてください。例えば、ルヴァンデュールが300g残っている場合、小麦粉75gと水75gを加えます。密閉容器に移し、冷蔵庫に入れれば、4日間ほど間保存可能です。

LA LEVURE

イースト

適量を用いるのであれば、生イーストはむしろ有効です。本書のほとんどのレシピでは、ルヴァンの安定した発酵を補う目的でイーストを併用しています。イーストはある種の酵母に顕著な酸性化を抑えてくれることもあります。

LE MATÉRIEL INDISPENSABLE

基本の道具

本書に掲載されているパンを作るにあたって、基本の道具をご紹介しましょう。

＊キッチンツール
ゴムべら、スパチュラ、スプーンの他、生地をのばすめん棒、パンに油や溶き卵を塗る刷毛、粉をふるうふるい、生地に切り込みを入れるハサミなど。

＊デジタルキッチンスケール
材料や生地を正確に計量できます。

＊スタンドミキサー
機械ごねする際に使います。

＊スケッパー（カード）
手ごねの場合、作業台から生地をはがすのに役立ちます。ボウルから生地を取り出したり、手や指についた生地をこそぎとったりする際にも使えます。

＊クープナイフ
パンにクープ（切り込み）を入れる際に使用する専用ナイフ。

＊ボウル
材料を入れて混ぜる際に使用します。

＊バヌトン（発酵カゴ）
布で覆われた籐製のカゴで、ある種のパンを作る時に便利。専門店やオンラインショップで購入できます。ボウルに清潔な布きんを敷き、打ち粉をすることで代用できます。

＊型
レシピによっては、パウンド型など型が必要な場合があります。レシピに記載されている道具を参照してください。

＊布きん
生地を発酵させる際にかぶせます。

＊クッキングペーパー
天板をオーブンに入れる際に天板に敷きます。

LES DIFFÉRENTES ÉTAPES DE LA PANIFICATION

パン作りの工程

1 ミキシング

パン作りの最初のステップ。スタンドミキサーのミキサーボウル（手ごねの場合はボウル）の中で、材料をレシピの指示どおりの順番で混ぜてこねあげます。ミキシングの速度はレシピによって変わります。

2 一次発酵

生地がこねあがったら、1回目の発酵をさせます（一次発酵）。生地には布きんをかぶせ、乾燥して膜が張るのを防ぎます。室温で発酵させると、炭酸ガスが逃げ出そうとし、そのため生地はボリュームを増します（一般的に、生地は2倍にふくらみます）。この一次発酵の時間は、使用する粉や室温によって異なります。一次発酵の途中、または発酵完了後に、「パンチ (p.28)」を入れることがあり、そうすることで、よりコシのある生地に仕上がります。

3 分割＆丸め

一次発酵のあと、作るパンの大きさにあわせ、生地を等分に切り分けます。スケッパーを使って生地を切り、デジタルキッチンスケールにのせて計量し、微調整します。切り分けた生地はすぐに丸めます。これは、パンの最終的なフォルムを決める成形に先立つ、事前成形にあたります。丸めの詳細な手順は「丸め (p.29)」を参照のこと。

4 ベンチタイム（任意）

丸めおわった生地は、少し休ませます。この時間を「ベンチタイム」と呼びます。休ませると、分割した際に出たグルテンの弾力がゆるむため、生地がしなやかになって成形する際に扱いやすくなります。

5 成形

パンの形を整え、なめらかで均一な外観に仕上げます。希望する仕上がりのフォルムに応じて、成形にはさまざまな形状があります。主なものについては「成形 (p.30)」を参照のこと。

6 二次発酵

成形した生地は、濡れ布きんをかぶせて室温で休ませます (二次発酵)。生地は再びふくらみ、炭酸ガスの働きで、よく気泡の入ったクラムが形成されます。この段階でオーブンの予熱を開始することをおすすめしますが、予熱と発酵の完了のタイミングがほぼ同時になるように調整してください。

7 クープ (切り込み、任意)

焼く直前のパンに施す作業。専用のクープナイフで生地の表面に切り込みを入れることで、蒸気の逃げ道ができ、生地がのびやすくなります。クープにはさまざまな種類がありますが、一般的なものについては「クープ (p.34)」を参照のこと。

8 焼成

オーブンの予熱が完了したら、いよいよパンを焼きます。パンが乾燥するのを防ぐため、予熱時から天板を入れて熱しておき、生地を窯入れする直前に熱くなった天板に水を注ぎ、スチームを利かせて焼くことが重要です。パンの大きさや種類によって焼きあがり時間は異なるので、焼き加減を確認してください。

9 釜出し

パンが焼きあがったらオーブンから取り出し、網などに移して蒸気と炭酸ガスを逃がします。

LE RABAT

パンチ

パンチの工程は、一次発酵の途中、または発酵完了時（つまり成形の直前）、あるいはその両方のタイミングで行います。パンチを入れることで新鮮な空気が取り込まれ、生地にコシを与えつつ、グルテンの網目構造を引き締め、より締まったのびのあるなめらかな生地になります。また、成形しやすくなり、焼成の際に生地の状態がより保たれます。

1 打ち粉をした作業台に生地をのせ、前後・左右から生地の端をそっと持ちあげ、中心に向かって折りたたむ。

2 さらに端を中心に向かって折りたたみ、丸形にまとめる。

3 生地の閉じ目をつまみ、裏返す。

LA MISE EN FORME

丸め

一次発酵のあと、生地を等分に分割したら、すぐに手早く形を整えます。この工程は「丸め」と呼ばれ、成形に先立つ事前成形にあたります。丸め方は以下の3つ。この段階では、生地をなるべくさわらないように注意しましょう。生地はこの後、少し休ませてから(ベンチタイム)、成形します。

丸形

1 作業台の上で生地を平らにしてから全体を巻き込む。

2 閉じ目が下にきたら、生地をはさむように両手をあて、下部に向かって締めつけながら回転させ、均一な丸形に整える。
※小さな生地を丸形に丸める場合は、生地を手のひらで転がすだけで○K。

ラグビーボール形

1 作業台の上で、生地を押さえて平らにする。

2 左右対称に生地を巻き込む。

先のとがっていないなまこ形 (長方形)

※本書のパン作りでは用いていませんが、重要な手法ですので、ご紹介しておきます。

1 作業台の上で生地を押さえて平らにし、前後・左右から生地の端を持ちあげて中心に折り返す。

2 閉じ目が下になるように生地を裏返し、生地をはさむように両手をあて、下部に向かって締めつけながら、きれいな長方形に整える。

LES FAÇONNAGES

成形

丸形

1 生地を手のひらでそっと押して平らにする。

2 生地の端を中心に折り返し、軽く押さえる。

3 **2** を一周ぐるりと行う。

4 生地をはさむように両手をあて、回転させながら丸めていく。閉じ目が下にきたら、下部に向かって生地を締めつけながら回転させ、均一な丸形に整える。

この工程は二次発酵の前に行い、パンの仕上がりの最終的なフォルムに直接影響します。本書のレシピに登場する主な成形法を4つご紹介します。

バタール形（なまこ形）

1 生地を手のひらでそっと押して平らにする。

2 手前から1／3を向こう側に折り、指で閉じ目を押さえる。生地を180°回転させ、再び手前から1／3を向こう側に折り返し、閉じ目を押さえる。

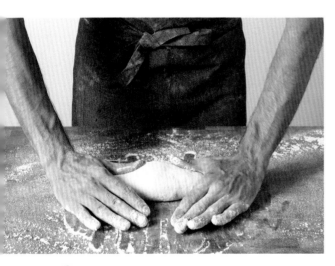

3 手前に2つに折りたたみ、手のひらのつけ根で閉じ目を押さえてくっつける。

4 生地に両手をあてて転がし、バタール形に成形する。レシピによっては、さらに転がして細長くのばす。

バゲット形

1 生地を手のひらでそっと押して平らにする。

2 手前から1／3ほど折り返し、指で閉じ目を押さえる。生地を180°回転させ、再び手前から1／3ほど折り返し、閉じ目を押さえる。

3 向こう側に2つに折りたたみ、手のひらのつけ根で閉じ目を押さえてくっつける。

4 生地に両手をあてて転がして細長くのばし、両端の先端に向けて細くする。

先のとがっていないなまこ形（長方形）

1 生地を手のひらでそっと押して平らにする。

2 手前から1／3ほど折り返し、指で閉じ目を押さえる。生地を180°回転させ、再び手前から1／3ほど折り返し、閉じ目を押さえる。

3 向こう側に2つに折りたたみ、手のひらのつけ根で閉じ目を押さえてくっつける。

4 生地に両手をあてて転がして少しのばし、端の部分に手をあてて形を整える。

LES LAMAGES

クープ

十字

1 クープナイフで生地の中心に1本切り込みを入れる。

2 **1** の切り込みに対して垂直に切り込みを入れる。

ソーシソン（表面いっぱいに斜めのクープ）

1 生地の端から斜めに切り込みを入れる。

2 クープナイフを等間隔で平行に動かしながら、反対の端まで切り込みを入れる。

パンの表面に入れるクープ（切り込み）は単なる装飾ではなく、焼成時に生地から蒸発する水分の逃げ道となります。また、水分の蒸発とともにクープがのびることで、パンをしっかりふくらませる役割を果たしています。クープを入れるには専用のクープナイフを使用し、通常、窯入れの直前に行います。パン作りに用いる主なクープを5つご紹介しましょう。

格子 ※本書のパン作りでは用いていませんが、重要な手法ですので、ご紹介しておきます。

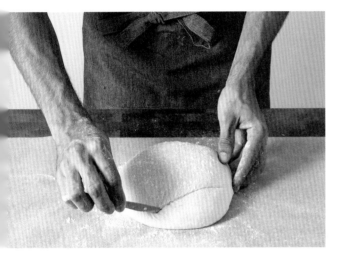 

1 生地の上下に平行な切り込みを2本入れる。

2 生地の左右に、**1** の切り込みに対して垂直に2本切り込みを入れる。

シュヴロン（山形模様）

1 生地の片面半分に斜めに刃を入れ、等間隔に切り込みを入れる。

2 反対側の面に、**1** の切り込みに対して左右対称に切り込みを入れる。

ポルカ模様（ひし形格子）

1 生地の端から等間隔に斜めに切り込みを入れる。

 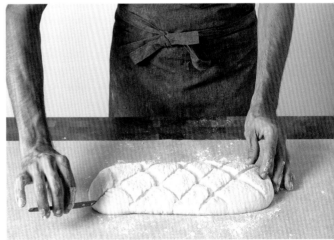

2 反対側からも同様に等間隔に切り込みを入れる。

LE LEXIQUE DU BOULANGER

パン用語集

パン作りにおける専門用語をご紹介します。

アミラーゼ (AMYLASE)
粉に含まれている酵素で、デンプンを発酵性糖類に分解。この糖類が発酵の際に主に炭酸ガスとアルコールに変わる。

一次発酵 (POINTAGE)
ミキシング完了後、成形するまでの間に行う1回目の発酵。

打ち粉をする (FLEURER)
生地がくっつかないように、生地や作業台に粉をふること。

覆う (COUVRIR)
生地が乾燥して膜ができるのを防ぐために、布きんやラップをかぶせること。

オートリーズ (AUTOLYSE)
最初に粉と水だけを混ぜあわせ (プレミキシング)、室温でしばらく休ませてから、残りの材料を加えてミキシングする方法。先に水と粉をあわせることで、しなやかでコシのある生地に仕上がる。
※本書では最初に粉と水を混ぜあわせるのにかかる目安の時間は記していません。

ガス抜き (DÉGAZER)
丸めまたは成形の際に、生地を押して平らにし、生地中に含まれる炭酸ガスを抜くこと。ガス抜きをすることで、生地のボリュームは減る。

基本温度 (TEMPÉRATURE DE BASE)
室温に粉と水の温度を加えて算出した温度。この温度が、ミキシング完了時の生地の温度 (こねあげ温度) に影響する (通常24〜25℃)。

吸水率 (TAUX D' HYDRATATION/TH)
レシピで指定された粉の量に対する水の割合。

クープ (切り込み、COUPE)
窯入れ前に生地に施す切り込み。専用のクープナイフや、カミソリ、カッターの刃、鋭利な包丁などで行う。クープを入れることで、焼成の際に生地から蒸発する水分の逃げ道となり、パンがしっかりとふくらむ。

クーリングロス (冷却ロス、RESSUAGE)
焼成後、冷めるまでの間にもパンからは水分が蒸発するが、この期間に減少する重量のこと。

グルテン (GLUTEN)
パンの原料になる穀物に多く含まれる、タンパク質 (主にグリアジンとグルテニン) を主成分とする物質。小麦と水が結合することで網目構造のグルテンが形成され、これが発酵時に生地から発生する炭酸ガスを包み込むため、生地がふくらむ。

粉あわせ (FRASAGE)
ミキシングの第1段階。材料 (粉、水、ルヴァンとイースト [またはルヴァンのみ、イーストのみ]、塩) を作業台 (またはボウル) に盛り、手で混ぜあわせる。スタンドミキサーの場合は、低速でまわして混ぜる。逆粉あわせは、ミキシングの最後に粉を再び加える。

仕込み量 (PÉTRISSÉE)
ボウルの中で作業する生地の量。

室温 (TEMPÉRATURE AMBIANTE)
パン作りにおいては24〜27℃をいう。

水蒸気 (を発生させる、BUÉE [COUP DE])
窯入れの直前に、予熱の際に熱しておいた天板に少量の水 (50 cc) を注ぎ、熱いスチームを発生させること。スチームをきかせて生地を焼くことで、生地がよくのび、クープがきれいに開いたパンに仕上がる。

成形 (FAÇONNAGE)
生地を最終的なフォルムに形作ること。

足し水法 (バシナージュ法／吸水法、BASSINAGE)
ミキシングの途中で水を加える手法。加える水は「足し水」という。

つなぎ目 (閉じ目、SOUDURE)
成形した生地の閉じ目。

低温長時間発酵 (オーバーナイト製法、POINTAGE EN BAC/POINTAGE RETARDÉ)
こね上がった生地を、低温下 (冷蔵庫など) でゆっくり発酵させ、翌日以降に焼きあげる製法。長時間かけて発酵させるため、小麦粉の消化酵素がしっかり働き、デンプンを糖に分解して甘みが引き立つ。また、熟成した旨味のあるパンに仕上がる。

テクスチャー (CONSISTANCE)
生地の状態を表し、硬い／締まった、やわらかい／しなやかに分けられる。生地のテクスチャーによって、生地のふくらみ具合は変わる。

ドリュールを塗る（塗り卵を塗る、DORER）
ブリオッシュやパン・ド・ミなどに、つや出しのために刷毛で溶き卵を塗ること。

長くのばす（ALLONGER）
締めつけたあとの生地を、最終的な長さにすること。

中種法（PÂTE FERMENTÉE）
生地の材料の一部を混ぜて発酵させ、事前に発酵種を作ってから、残りの材料を加えてミキシングすること。できた発酵種を「中種」という。やわらかく、ふくらみのよい生地に仕上がるため、食パンやカンパーニュなどボリュームを出したいパンに向く。ルヴァンデュール（生地状自然発酵種）も中種にあたる。

二次発酵（APPRÊT）
生地を分割したあと、窯入れするまでの間に行う2回目の発酵。

灰分量（TAUX DE CENDRE）
粉の種類（タイプ）を決定するための指標。粉を900℃の温度で燃焼し、残った灰の量（ミネラル分）に基づく。この数値が高いほど、外皮（ふすま）を多く含んだ粉ということを意味し、全粒粉寄りになる。

発酵（FERMENTATION/POUSSE）
粉に含まれる糖分が、嫌気性（空気のない状態）の環境下で、発酵種の活動と酵素（「アミラーゼ」参照）の働きにより化学変化を起こすこと。つまりは、発酵種によって単糖（グルコース、マルトーズ）が分解され、炭酸ガスとアルコールが生成されること。この炭酸ガスによって生地はふくらむ。パンの発酵は、塊のままでの一次発酵と、分割後の生地のふくらみを左右する二次発酵の2段階を経る。

発達（DÉVELOPPEMENT）
焼成前、または焼成後数分の間に生地がふくらむこと。

バヌトン（発酵カゴ、BANNETON）
二次発酵の際に用いる布で覆われた籐製のカゴ。

パン酵母（イースト、LEVURE DE BOULANGER）
単細胞の菌（ラテン語名 *Saccharomycescerevisiae*、サッカロミセス・セレヴィシエ）。糖質の環境下で、きわめて高速度で増殖して数を増し、糖質を生地のふくらみを担う炭酸ガスに変える。

パンチ（パンチを入れる、RABAT/DONNER UN）
生地をたたむことで、グルテンの網目構造を引き締め、生地の伸張性を向上させる。生地の強度が増し、二次発酵と焼成の際に、生地がよりバランスよく発達する。

ふるう（TAMISER）
粉を目の細かいふるいにかけてふるい、ダマやゴミを取り除くこと。

分割（DÉTAILLER）
一次発酵のあと、作るパンの大きさにあわせ、生地を等分に切り分けること。

ベンチタイム（DÉTENTE）
生地を分割したあと、成形前に少し休ませて発酵させること。

コール（骨格、CORPS）
生地がしっかりしすぎていて柔軟性がないこと。

ポーリッシュ（POOLISH）
同量の水と粉に、生イーストを加えて仕込む液状の発酵種。

丸形にする（BOULER）
こねあがった生地をひとまとめに丸める、または分割した生地を丸形に丸めること。

ミキシング（PÉTRISSAGE）
本ごね。スタンドミキサー（または手）で生地をこね、生地の耐性（伸展性や粘弾性）を発達させること。

予備発酵（アクティブドライ、PRÉ FERMENTATION）
生イーストやドライイーストを、ミキシングの段階で直接加えるのではなく、あらかじめ水に溶かして発酵させることで、イースト菌の活動を活発にしておくこと。

油脂を塗る（GRAISSER）
天板や型に生地がくっつかないように、バターや植物油を薄く塗ること。

ルヴァン（自然発酵種、酵母、LEVAIN）
粉と水を混ぜ、塩を加えた自然混合物（塩は加えない場合もある）。フランスでは、1993年9月13日に交付された「パンに関する法令」により、「自然発酵による酸性化を伴い、生地の膨張を確実にするもの」と定義されている。

ルヴァンのリフレッシュ（かけつぎ、RAFRAÎCHI DU LEVAIN）
ルヴァンに水と粉を加えること。これによって、ルヴァンの働きを活性化させることができる。「リフレッシュする」「かけつぎをする」と表現する。

COMMENT ÉVITER LES ERREURS EN BOULANGERIE ?

パン作りで失敗しないために

パンを作るうえで、注意すべきポイントをご紹介します。

室温を適切に保つ

材料の温度と作業場の室温は、生地の発酵を左右します。通常は24〜27℃ですが、冬にパンを作る場合、作業場の理想的な温度は20〜25℃です。粉や水、卵などの材料も、この温度を目安にしてください。夏の時期は、作業場はできるだけ涼しい環境を整えましょう。また、水や卵を冷蔵庫に入れ冷やしておくと、生地のこねあげ温度が下がり、発酵を遅らせることができます。

オーブンは予熱しておく

パンやヴィエノワーズリーは、高温のオーブンで焼く必要があります。そのため、生地を窯入れする前に、オーブンは必ず予熱しておいてください。低温でゆっくり焼くと、パンのふくらみ加減や味に影響し、非常に重く締まった、消化の悪いクラムに仕上がってしまいます。

計量ミスを防ぐ

正確なデジタルキッチンスケールを使用し、材料をすべてグラム変換で計量することで、計量ミスを防げます。また、パンを作りをはじめる前に、必要な材料をすべて計量しておくと、入れ忘れを防げます。

塩の入れ忘れに注意

塩は発酵を調整する役割を担うため、生地に塩が入っていないと、発酵しにくくなります。また、味はもちろん、焼き色もかなり悪くなります。

イーストの消費期限を守る

生イースト（パン酵母）は、自然界に存在する野生酵母の中から、パン作りに適した酵母を純粋培養したもの。つまり、天然由来の生きた素材です。そのため、必ず冷蔵庫で保存しましょう。未開封の状態なら10日間、開封後は密閉容器に入れて数日間保存可能です。新鮮なイーストは、きれいなクリーム色で、指で簡単にほぐれ、心地よい香りがします。

指定された粉を使用する

粉は必ず、レシピに指定されている粉を使用してください。違う種類（タイプ）の粉を使用すると、生地がやわらかくなりすぎて、成形できなくなることもあります。パンやヴィエノワーズリーを作るには、グルテンに含まれるタンパク質が多い粉を選ぶことが重要です。

ミキシングの際、吸水量を調整する

生地をミキシングする際に加える水量は、使用する粉のクオリティーによって変わる場合があります。古い粉やクオリティーの低い粉は、より多くの水を吸収します。余分な吸水を避けるべく、ミキシングの際には一度にすべての水を入れず、レシピに記された水量の15〜20％を残してまずはミキシングし、残りの水を少しずつ加えながら生地の硬さを調整してください。レシピではひとつの目安として吸水量を示していますが、様子を見ながら調整しましょう。

パン作りQ&A

パンはいわば生き物ですから、いくら注意して臨んでも失敗することがあります。
ここでは、どうして失敗したのか原因を理解し、次に役立てるためのヒントをご紹介します。

Q1. 生地がべたつきすぎるのは？
A1. 生地が過度に高吸水（水分が多すぎる）。
水の温度が高すぎる。
生地のミキシングが不十分。

Q2. パンのボリューム不足は？
A2. 使用した粉のグルテン含有量が多すぎる。
生地のこねあげ温度や、冷蔵庫での二次発酵後の生地の温度が低すぎる。
生地を成形しすぎ（力の入れすぎ、さわりすぎ）。
生地が乾燥して表面に膜が張っていた。
二次発酵の時間が不十分。
クープ入れが不適切。
焼成時のオーブン庫内の温度が高すぎる。
焼成時のスチーム不足。

Q3. クラムが締まりすぎて硬く、気泡が入っていないのは？
A3. 一次発酵の時間が不十分。
生地を成形しすぎ。
クープ入れが不適切。
焼成時のオーブン庫内の温度が高すぎる。
焼成時のスチーム不足。

Q4. クープが開かないのは？
A4. 切り込みが浅すぎる、またはクープ入れに使用した道具が不適当。
ミキシング不足。
生地を成形しすぎ、または不十分。
生地が過発酵。
焼成時のオーブン庫内の温度が高すぎる。
焼成時のスチーム不足。

Q5. クラストがパリッとしないのは？
A5. 冷蔵庫での二次発酵後の生地の温度が低すぎる。
生地の成形が不十分。
焼成不足。
焼成時のスチーム過剰。
窯出し後、冷却の仕方が不適切。

Q6. パンの底が焦げるのは？
A6. 焼成時のオーブン庫内の温度が高すぎる。
天板を入れた下段の位置が低すぎる。

LES PAINS TRADITIONNELS

トラディショナルなパン／伝統的なパン

PAIN À LA FARINE T150

全粒粉のパン

 2個分
（仕込み量約960g）

時間

ミキシング……14〜15分

一次発酵……2時間30分

（1時間後と発酵完了後にパンチ）

ベンチタイム……15〜20分

二次発酵……2時間

焼成……40分

材料

全粒粉（タイプ150）……350g

小麦粉（タイプ65）……150g

水（16℃）……350g＋50g（足し水用）

塩……9g

ルヴァンリキッド（p.22）……75g

生イースト……2g

1 ミキシング

機械ごねの場合：フックをつけたミキサーのボウルに足し水以外の材料を入れ、低速で4分まわし、全体が均一になったら、高速で8分まわしてミキシングする。生地がボウルの側面から離れるようになったら、足し水を少しずつ加えながら低速で2〜3分まわしてミキシングする。

手ごねの場合：作業台（またはボウル）に2種の粉を盛り、真ん中に大きなくぼみを作る。くぼみ部分に水（足し水以外）の半量を少しずつ入れ、塩、ルヴァンリキッド、細かくほぐした生イーストを加え、ざっと混ぜる。残りの水（足し水以外）を加え、全体がなじむまでよく混ぜたら、生地を台に力強くたたきつけ、手前に引っぱりあげて向こう側に折りたたみ、再びたたきつける。これを繰り返し、生地にコシが出てなめらかになり、手や台につかなくなるまでしっかりこねる。足し水を加え、全体が均一になるまでこねる。

2 一次発酵

生地をひとまとめにし、濡れ布きんをかぶせて室温で約2時間30分発酵させる。発酵開始から1時間後と発酵完了後に打ち粉をした作業台の上でパンチを入れる。

3 分割＆丸め／ベンチタイム

生地を1個約480gに2分割し、それぞれ軽く丸形に丸める。濡れ布きんをかぶせ、室温で15〜20分ベンチタイムを取る。

4 二次発酵

生地を軽く手のひらで押して平らにし、クッキングペーパーを敷いた天板の上に、閉じ目を下にしてのせる。濡れ布きんをかぶせ、室温で約2時間発酵させる。

オーブンの下段に別の天板を1枚差し込み、250℃に予熱する。

5 焼成

生地を天板の上でひっくり返し、閉じ目が上にくるようにする（焼成時に閉じ目がクープとなる）。予熱が完了したら、庫内の天板に水50cc（材料外）を注ぎ、すぐに生地をのせた天板を入れて20分焼き、温度を200℃に下げてさらに20分焼く。

6 窯出し

オーブンからパンを取り出し、網などに移して粗熱を取る。

PAIN SANS PÉTRISSAGE

こねないバゲット

 3本分
（仕込み量約990g）

時間

オートリーズ……24時間

一次発酵……5時間（1時間おきにパンチ）

ベンチタイム……15分

二次発酵……2時間

焼成……40分

材料

小麦粉（タイプ65）……500g

水（20℃）……325g

塩……9g

ルヴァンデュール（p.23）……150g

生イースト……2g

1 オートリーズ

機械の場合：フックをつけたミキサーのボウルに小麦粉と水を入れ、全体が均一になるまで低速で混ぜる。ボウルに濡れ布きんをかぶせ、室温で24時間休ませる。

手作業の場合：ボウルに小麦粉を盛り、真ん中に大きなくぼみを作る。くぼみ部分に水の2／3量を注ぎ、粉気がなくなるまで混ぜる。ボウルに濡れ布きんをかぶせ、室温で24時間休ませる。

2 混ぜあわせ

機械の場合：1のボウルに塩、ルヴァンデュール、生イーストを加え、生地がなめらかになるまで低速でまわして混ぜる。

手作業の場合：1のボウルに、残りの水、塩、ルヴァンデュール、細かくほぐした生イーストを加え、よく混ぜあわせる。生地を作業台に取り出し、コシが出てなめらかになり、手や台につかなくなるまでしっかり混ぜる。

3 一次発酵

生地をひとまとめにし、濡れ布きんをかぶせて室温で約5時間発酵させる。この間、1時間おきにパンチを入れる。

4 分割＆丸め／ベンチタイム

打ち粉をした作業台の上で、生地を1個約330gに3分割し、それぞれ軽くラグビーボール形に丸める。濡れ布きんをかぶせ、室温で15分ベンチタイムを取る。

5 成形

生地をバゲット形に成形する。

6 二次発酵

クッキングペーパーを敷いた天板の上に、閉じ目を下にして並べる。濡れ布きんをかぶせ、室温で2時間発酵させる。

オーブンの下段に別の天板1枚を差し込み、250℃に予熱する。

7 焼成

生地の表面中央に縦に1本クープを入れる。予熱が完了したら庫内の天板に水50cc（材料外）を注ぎ、すぐに生地をのせた天板を入れて20分焼き、温度を220℃に下げてさらに20分焼く。

8 窯出し

オーブンからパンを取り出し、網などに移して粗熱を取る。

COURONNE

クーロンヌ

 1個分
(仕込み量約930g)

時間

ミキシング……11分

一次発酵……1時間（30分後にパンチ）

ベンチタイム……45分

二次発酵……1時間30分

焼成……25分

材料

ライ麦粉

　……50g＋適量（打ち粉用、仕上げ用）

　※打ち粉は小麦粉でもOK。

小麦粉（タイプ65）……450g

水（20℃）……320g

塩……9g

ルヴァンリキッド（p.22）……100g

生イースト……4g

道具

ドーナッツ型バヌトン

1 ミキシング

機械ごねの場合：フックをつけたミキサーのボウルに材料をすべて入れ、低速で4分まわしたあと、高速で7分まわしてミキシングする。

手ごねの場合：作業台（またはボウル）に2種の粉を盛り、真ん中に大きなくぼみを作る。くぼみ部分に水の半量、塩、ルヴァンリキッド、細かくほぐした生イーストを入れ、ざっと混ぜる。残りの水を加え、全体がなじむまでよく混ぜる。生地にコシが出てなめらかになり、手や台につかなくなるまでしっかりこねる。

2 一次発酵

生地をひとまとめにし、濡れ布きんをかぶせて室温で1時間発酵させる。発酵開始から30分後にパンチを入れる。

※発酵完了時には生地がふくらんでいる。

3 分割＆丸め／ベンチタイム

打ち粉をした作業台の上で、生地を1個約155gに6分割し、それぞれ軽く丸形に丸める（**1**）。濡れ布きんをかぶせ、室温で45分ベンチタイムを取る。

4 成形

生地をはさむように両手をあて、下部を締めつけながら回転させて均一に丸める。生地の表面にライ麦粉をふり、手前から2／3より少し奥にめん棒を押し込み、8cmくらいの長さの先のとがっていないなまこ形にのばす（**2**）。のばした部分にライ麦粉をふり、手前に折り返してふくらみ部分にかぶせる（**3**）。残りの生地も同様に成形する。

5 二次発酵

ドーナッツ型のバヌトンにライ麦粉をふり、かぶせた面が下になるようにして生地を並べる（**4**）。バヌトンに濡れ布きんをかぶせ、室温で1時間30分発酵させる。

※発酵完了時には生地どうしがくっつき、王冠（クーロンヌ）のようになります。

オーブンの下段に天板を1枚差し込み、230℃に予熱する。

6 焼成

クッキングペーパーを敷いた別の天板の上に、バヌトンをそっと返して生地をのせ、表面に軽くライ麦粉をふる。予熱が完了したら庫内の天板に水50cc（材料外）を注ぎ、すぐに生地をのせた天板を入れて10分焼き、温度を210℃に下げてさらに15分焼く。

7 窯出し

オーブンからパンを取り出し、網などに移して粗熱を取る。

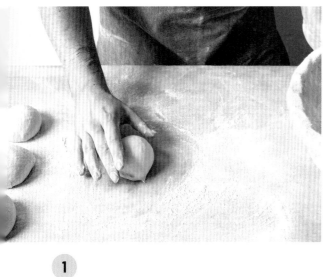

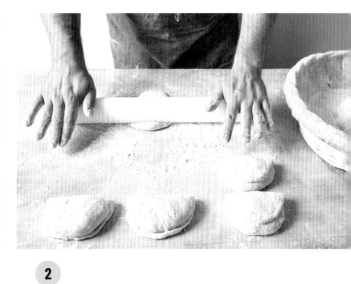

PAIN À LA COCOTTE

ココット鍋で焼くパン

 1個分
（仕込み量約1kg）

時間

オートリーズ……1時間

ミキシング……13分（完了後にパンチ）

一次発酵……1時間（完了後にパンチ）

二次発酵……1時間15分（完了後にパンチ）

焼成……1時間

材料

小麦粉（タイプ65）

　……500g＋適量（仕上げ用）

水（16℃）……325g

塩……9g

ルヴァンリキッド（p.22）……200g

生イースト……2g

道具

ココット鍋（厚手両手鍋、直径24〜28cm）

1　オートリーズ

機械ごねの場合：フックをつけたミキサーのボウルに小麦粉と水を入れ、全体が均一になるまで低速で混ぜる。粉気がなくなったら高速で生地が練りあがるまで10〜15分混ぜる。濡れ布きんをかぶせ、室温で1時間休ませる。

手ごねの場合：ボウルに小麦粉を盛り、真ん中に大きなくぼみを作る。くぼみ部分に水の2／3量を注ぎ、全体がなじむまで混ぜる。濡れ布きんをかぶせ、室温で1時間休ませる。

2　ミキシング

機械ごねの場合：1のボウルに塩、ルヴァンリキッド、生イーストを加える。低速で10分まわしたあと、高速で3分まわしてミキシングする。
※生地がなめらかになり、ボウルの側面から自然とはがれるようになればミキシング完了。

手ごねの場合：1のボウルに塩、ルヴァンリキッド、細かくほぐした生イーストを加え、残りの水を注ぎ、よく混ぜあわせる。生地を作業台に取り出し、生地にコシが出てなめらかになり、手や台につかなくなるまでしっかりこねる。

打ち粉をした作業台の上でパンチを入れる（濡れた手で生地の端を持ちあげ、中心に向かって折りたたむ。これを一周ぐるりと行う）。

3　一次発酵

濡れ布きんをかぶせ、室温で1時間休ませる。再びパンチを入れる（濡れた手で生地の端を持ちあげ、中心に向かって折りたたむ。これを一周ぐるりと行う）。

4　二次発酵

濡れ布きんをかぶせ、室温で1時間15分休ませる。再びパンチを入れる（濡れた手で生地の端を持ちあげ、中心に向かって折りたたむ。これを一周ぐるりと行う）。
オーブンを245℃に予熱する。

5　焼成

打ち粉をするかクッキングペーパーを敷いたココット鍋に、生地を閉じ目を下にして入れる。生地の表面に粉をふり（任意）、さっとラフに切り込みを入れる。予熱が完了したら、鍋にふたをし、オーブンで1時間焼く。

6　窯出し

オーブンから鍋を取り出し、蓋をはずしてパンを取り出し、網などに移して粗熱を取る。
※火傷をしないように気をつけましょう。

・**MEMO**・

鋳物のココット鍋（厚手両手鍋、ル・クルーゼやストウブなど）は、土鍋やタジン鍋、蓋つきの耐熱ガラス容器（パイレックスなど）で代用できます。

—

TOURTE DE SEIGLE

ライ麦全粒粉のトゥルト

 1個分
（仕込み量約1.5kg）

時間

ルヴァンのリフレッシュ……3時間

ミキシング……8分

一次発酵……2時間

ベンチタイム……30分

焼成……1時間15分

材料

オーガニックのライ麦全粒粉（タイプ130）
　……500g＋適量（打ち粉用、仕上げ用）

ライ麦のルヴァン（p.22）……250g

湯（55〜60℃）……450〜500g

塩（海塩）……10g

生イースト……2g

はちみつ……15g

ルヴァンのリフレッシュ

ライ麦全粒粉（タイプ130）……110g

ぬるま湯（40℃）……110g

ルヴァンリキッド（p.22）……30g

道具

バヌトンまたはボウル

1　ルヴァンのリフレッシュを作る

機械ごねの場合：フックをつけたミキサーのボウルに材料をすべて入れ、よく混ぜる。濡れ布きんをかぶせ、室温で3時間発酵させる。

※ミキサーを使えば、短時間でよく混ぜあわせることができます。

手ごねの場合：ボウルに材料をすべて入れてよく混ぜ、濡れ布きんをかぶせ、室温で3時間発酵させる。

2　ミキシング

機械ごねの場合：1のボウルに材料をすべて加え、低速で8分まわしてミキシングする。生地のこねあげ温度は約28℃を目安とする。

手ごねの場合：別のボウルにライ麦全粒粉を盛り、真ん中に大きなくぼみを作る。くぼみ部分に湯の半量と残りの材料を入れ、1の中種を加え、ゴムべらでざっと混ぜる。残りの湯を加え、粉気がなくなるまで混ぜる。生地を作業台に取り出し、折りたたんでは上から押しつけるようにして押し出すを繰り返し、もったりするまでこねる。生地のこねあげ温度は約28℃を目安とする。

3　一次発酵

生地をひとまとめにし、濡れ布きんをかぶせて室温で2時間発酵させる。

4　成形／ベンチタイム

バヌトンに布きんを敷き、打ち粉をふっておく。生地を軽く丸形に丸め、閉じ目を下にしてバヌトンに入れる。濡れ布きんをかぶせ、室温で30分ベンチタイムを取る。オーブンの下段に天板1枚を差し込み、260℃に予熱する。

5　焼成

クッキングペーパーを敷いた別の天板にバヌトンをそっと返して生地をのせ、表面に軽く粉をふる。予熱が完了したら庫内の天板に水50cc（材料外）を注ぎ、すぐに生地をのせた天板を入れて40分焼き、温度を220℃に下げてさらに35分焼く。

6　窯出し

オーブンからパンを取り出し、網などに移して粗熱を取る。

・MEMO・

ドライフルーツやナッツを加えるのもおすすめです。その場合、生地の重量の20％を目安にしてください。
—

TOURTE AUX 3 CÉRÉALES

3種の雑穀のトゥルト

2個分
(仕込み量約2.4kg)

時間

ミキシング……8分

一次発酵……45分

二次発酵……30分

焼成……1時間

材料

ライ麦全粒粉（タイプ130）
　……600g＋適量（打ち粉用）

そば粉……200g

オーガニックのアインコーン小麦全粒粉
　（タイプ150）……200g

湯（55〜60℃）……650g

塩……18g

ルヴァンリキッド（p.22）……750g

小麦粉（タイプ65）……50g（仕上げ用）

道具

バヌトンまたはボウル

1 ミキシング

機械ごねの場合：フックをつけたミキサーのボウルに小麦粉以外の材料を入れ、生地がなめらかになるまで低速で8分まわしてミキシングする。こねあげ温度は約33℃を目安とする。

手ごねの場合：作業台（またはボウル）にライ麦全粒粉とそば粉とアインコーン小麦全粒粉を盛り、真ん中に大きなくぼみを作る。くぼみ部分に湯の半量、塩、ルヴァンリキッドを入れ、ざっと混ぜる。残りの湯を加え、全体がなじむまでよく混ぜる。生地がなめらかになるまでしっかりこねる。生地のこねあげ温度は約33℃を目安とする。

2 一次発酵

濡れ布きんをかぶせ、室温で45分発酵させる。

3 分割＆成形

バヌトンに布きんを敷き、打ち粉をふっておく。打ち粉をした作業台の上で、生地を1個約1.2kgに2分割し、それぞれ丸形に丸め、閉じ目を上にしてバヌトンに入れる。

4 二次発酵

濡れ布きんをかぶせ、室温で30分発酵させる。

オーブンの下段に天板を1枚差し込み、250℃に予熱する。

5 焼成

クッキングペーパーを敷いた別の天板の上にそっとバヌトンを返して生地をのせ、表面に軽く小麦粉をふる。予熱が完了したら庫内の天板に水50cc（材料外）を注ぎ、すぐに生地をのせた天板を入れて約45分焼き、温度を200℃に下げてさらに約15分焼く。

※グルテンフリーにしたい場合、小麦粉ではなく生地に使っているライ麦全粒粉をふります。

6 窯出し

オーブンからパンを取り出し、網などに移して粗熱を取る。

PAIN AU PETIT ÉPEAUTRE

アインコーン小麦のパン

 パウンド型 (16×10cm)
4台分 (仕込み量約1.3kg)

時間

ルヴァンのリフレッシュ……3時間

ミキシング……15分

一次発酵……30分 (完了後にパンチ)

低温長時間発酵……12時間

二次発酵……2時間30分

焼成……45〜50分

材料

オーガニックのアインコーン小麦粉
　　……500g

アインコーン小麦粉のルヴァン (p.22)
　　……250g

湯 (70℃)……320g

塩 (海塩)……10g

生イースト……2g

はちみつ……10g

植物油……適量

ルヴァンのリフレッシュ

アインコーン小麦粉……135g

ぬるま湯 (40℃)……70g

ルヴァンリキッド (p.22)……45g

道具

パウンド型 (16×8cm)

1　ルヴァンのリフレッシュを作る

機械ごねの場合：フックをつけたミキサーのボウルに材料をすべて入れ、粉気がなくなるまで混ぜる。濡れ布きんをかぶせ、室温で3時間発酵させる。

※ミキサーを使えば、短時間でよく混ぜることができます。

手ごねの場合：ボウルに材料をすべて入れ、粉気がなくなるまで混ぜる。濡れ布きんをかぶせ、室温で3時間発酵させる。

2　ミキシング／一次発酵

機械ごねの場合：1のボウルに植物油以外の材料を加え、低速で15分まわしてミキシングする。こねあげ温度は約25℃を目安とする。生地をボウルから取り出し、別のボウルに移して濡れ布きんをかぶせて30分発酵させる。発酵完了時に、打ち粉をした作業台の上でパンチを入れる。

手ごねの場合：別のボウルにアインコーン小麦粉を盛り、真ん中に大きなくぼみを作る。くぼみ部分に湯の半量と植物油以外の残りの材料を入れ、1を加え、ゴムべらでざっと混ぜる。残りの湯を加え、粉気がなくなるまで混ぜる。生地を作業台に取り出し、折りたたんでは上から押しつけるようにして押し出すを繰り返し、手離れがよくなるまでこねる。濡れ布きんをかぶせて30分発酵させる。発酵完了時に、打ち粉をした作業台の上でパンチを入れる。

3　低温長時間発酵

生地をボウルに移してラップをかぶせ、冷蔵庫に入れて12時間発酵させる。

4　分割＆丸め

打ち粉をした作業台の上で、生地を1個約330gに4分割し、それぞれ軽くラグビーボール形に丸める。

5　二次発酵

植物油を塗った型に、巻きおわりを下にして生地を1個ずつ入れる (型の高さの2/3を占める状態)。型ごと天板にのせ、濡れ布きんをかぶせて室温で2時間30分発酵させる。

オーブンの下段に別の天板を1枚差し込み、235℃に予熱する。

6　焼成

庫内の天板に水50cc (材料外) を注ぎ、すぐに型をのせた天板を入れて45〜50分焼く。

7　窯出し

オーブンから型を取り出してすぐに型をはずし、パンを網などに移して粗熱を取る。

PAIN À L'ÉPEAUTRE ET GRAINES

ミックスシードとスペルト小麦のパン

 2個分
(仕込み量約880g)

時間

シード類の焙煎……10〜15分

ミキシング……10分

一次発酵……1時間

低温長時間発酵……12時間

ベンチタイム……30分

焼成……1時間

材料

オーガニックのスペルト小麦全粒粉
　（タイプ80）……500g＋適量（仕上げ用）

ぬるま湯（30℃）……300g

塩……9g

ルヴァンデュール（p.23）……50g

生イースト……5g

ごま……10g

ケシの実……5g

亜麻の実……5g

かぼちゃの種……5g

ひまわりの種……5g

1 準備

天板にシード類を広げ、180℃のオーブンで10〜15分ローストする（a）。ボウルにルヴァンデュールと生イーストを入れ、ぬるま湯50gを加えて溶かし、室温で15分休ませる（b）。
オーブンを40℃に予熱する。

2 ミキシング

機械ごねの場合：フックをつけたミキサーのボウルに1のb、残りのぬるま湯、塩、スペルト小麦粉を入れ、低速で8分まわしてミキシングする。1のaを加え、さらに2分ミキシングする。

手ごねの場合：作業台（またはボウル）にスペルト小麦粉を盛り、真ん中に大きなくぼみを作る。くぼみ部分に残りのぬるま湯の半量、1のb、塩を入れ、ざっと混ぜる。残りのぬるま湯と1のaを加え、全体がなじむまでよく混ぜる。生地にコシが出てなめらかになり、手や台につかなくなるまでしっかりこねる。

3 一次発酵

ボウルに濡れ布きんをかぶせ、あたたまったオーブン（25〜30℃）に入れて1時間発酵させる。
※生地が2倍にふくらめば発酵完了。

4 低温長時間発酵

打ち粉をした作業台の上で、生地を手のひらで押してガス抜きする。生地を丸め、濡れ布きんをかぶせて冷蔵庫に入れ、12時間発酵させる。

5 分割＆成形／ベンチタイム

打ち粉をした作業台の上で、生地を手のひらで押してガス抜きする。生地を1個約440gに2分割し、それぞれ丸形とバタール形に成形し、クッキングペーパーを敷いた天板の上に並べる。濡れ布きんをかぶせ、室温で30分ベンチタイムを取る。
オーブンの下段に別の天板を1枚差し込み、250℃に予熱する。

6 焼成

生地の表面に粉をふり、丸形の方は十字のクープ、バタール形の方は縦に1本のクープを入れる。予熱が完了したら、庫内の天板に水50cc（材料外）を注ぎ、すぐに生地をのせた天板を入れて35分焼き、温度を230℃に下げてさらに25分焼く。
※生地の表面がパリッとし、きれいな焼き色がつけばOK。

7 窯出し

オーブンからパンを取り出し、網などに移して粗熱を取る。

PAIN AU SARRASIN ET GRAINES

ミックスシードとそば粉のパン

 2個分
（仕込み量約900g）

時間

オートリーズ……30分

ミキシング……12分

一次発酵……2時間30分
（1時間30分後にパンチ）

ベンチタイム……20分

二次発酵……2時間

焼成……35分

材料

小麦粉 (タイプ65)……400g

そば粉……100g

水 (16℃)……350g

塩……9g

ルヴァンリキッド (p.22)……100g

生イースト……2g

ミックスシード (アワ、ヒエ、キビ、ごま、亜麻の実など)……100g

1 オートリーズ

機械ごねの場合：フックをつけたミキサーのボウルに2種の粉と水を入れ、全体が均一になるまで混ぜる。濡れ布きんをかぶせ、室温で最低30分休ませる。

手ごねの場合：ボウルに2種の粉を盛り、真ん中に大きなくぼみを作る。くぼみ部分に水の2／3量を注ぎ、粉気がなくなるまで混ぜる。ボウルに濡れ布きんをかぶせ、室温で最低30分休ませる。

2 ミキシング

機械ごねの場合：1のボウルに塩、ルヴァンリキッド、生イーストを加え、低速で5分まわしたあと、高速で5分まわしてミキシングする。生地がひとかたまりにボウルの側面からはがれるようになったら、ミックスシードを加えて低速でさらに2分ミキシングする。生地のこねあげ温度は24℃を目安とする。

手ごねの場合：1のボウルに残りの水、塩、ルヴァンリキッド、細かくほぐした生イーストを加え、よく混ぜあわせる。生地を作業台に取り出し、生地にコシが出てなめらかになり、手や台につかなくなるまでこねる。こねあがったら、ミックスシードを加え、全体がなじむまで混ぜる。生地のこねあげ温度は24℃を目安とする。

3 一次発酵

生地をひとまとめにし、濡れ布きんをかぶせて室温で2時間30分発酵させる。発酵開始から1時間30分後にパンチを入れる。

4 分割＆丸め／ベンチタイム

打ち粉をした作業台の上で、生地を1個約450gに2分割し、それぞれ軽く丸形に丸める。濡れ布きんをかぶせ、室温で20分ベンチタイムを取る。

5 成形

生地をガス抜きせずに、バタール形に成形する。クッキングペーパーを敷いた天板の上に並べ、ポルカ模様のクープを入れる。

6 二次発酵

濡れ布きんをかぶせ、室温で2時間発酵させる。
オーブンの下段に別の天板を1枚差し込み、250℃に予熱する。

7 焼成

庫内の天板に水50cc (材料外) を注ぎ、すぐに生地をのせた天板を入れて25分焼き、温度を230℃に下げてさらに10分焼く。

8 窯出し

オーブンからパンを取り出し、網などに移して粗熱を取る。

PAIN DANOIS

デンマーク風ライ麦パン

パウンド型 (25×11cm)
2台分 (仕込み量約1.1kg)

時間

ミキシング……18分

発酵……1時間

焼成……1時間30分＋20分 (余熱)

材料

ライ麦全粒粉 (タイプ130)……350g

全粒粉 (タイプ150)……150g

ぬるま湯 (30℃)……500g

塩…9g

生イースト……15g

はちみつ……15g

ひまわりの種……5g

かぼちゃの種……5g

ごま……5g

くるみ……50g (砕く)

ヘーゼルナッツ……50g (砕く)

オートミール (仕上げ用)……適量

道具

パウンド型 (25×11cm)

1 準備

生イーストにぬるま湯1／2カップ分を注ぎ、溶かしておく。

オーブンを40℃に予熱する。

2 ミキシング

機械ごねの場合：フックをつけたミキサーのボウルに2種の粉と塩を入れて混ぜ、**1**を加えて低速で13分まわし、少しずつ残りの湯を加えながらミキシングする。はちみつとシード類を加え、最低でもさらに5分まわしてミキシングする。こねあがったら、くるみとヘーゼルナッツを加え、5分まわして混ぜ込む。

※この生地は、手で成形できないほど非常にやわらかい状態に仕上がりますが、問題ありません。

手ごねの場合：ボウルに2種の粉を盛り、真ん中に大きなくぼみを作る。くぼみ部分に残りの湯の半量、**1**、塩を入れ、ざっと混ぜる。残りの湯を加えて全体がなじむまでよく混ぜ、さらにはちみつとシード類を加えてよく混ぜあわせる。全体が均一になって生地が手やボウルにつかなくなったら、くるみとヘーゼルナッツを加えて混ぜ込む。

※機械ごねでも手ごねでも、くるみとヘーゼルナッツは生でもOKですが、ローストした方がおいしくなるのでおすすめです。

3 発酵

型にクッキングペーパーを敷き込み、生地を型の高さの半分くらいまで入れる。型ごと天板にのせ、あたためておいたオーブン (25〜30℃) に入れて1時間発酵させる。

※オーブンレンジの発酵機能を使ってもOK。

オーブンの下段に別の天板を1枚差し込み、175℃に予熱する。

4 焼成

パンの表面にオートミールをふりかける。予熱が完了したら、庫内の天板に水50cc (材料外) を注ぎ、すぐに型をのせた天板を入れて1時間30分焼く。庫内に入れたまま20分余熱で火をとおす。

5 窯出し

オーブンから型を取り出し、粗熱が取れたらパンを型からはずし、網などに移して冷ます。

PAIN NORVÉGIEN

ノルウェー風全粒粉のパン

 パウンド型 (25×11cm)
4台分 (仕込み量約2kg)

時間

ミキシング……20分
発酵……1〜2時間
焼成……1時間

材料

小麦粉 (タイプ65) ……400g
全粒粉 (タイプ150) ……300g
アインコーン小麦粉……300g
水 (16℃) ……600g+150g (足し水用)
塩……20g
ルヴァンリキッド (p.22) ……150g
生イースト……10g
はちみつ……25g
ミックスシード (ごま、ひまわりの種など)
　　……100g+適量 (仕上げ用)
植物油……適量

道具

パウンド型 (25×11cm)

1 ミキシング

機械ごねの場合：ビーターをつけたミキサーのボウルに3種の粉、水、塩、ルヴァンリキッド、生イースト、はちみつの順に入れ、低速で10分まわしてミキシングする。全体が均一になったら足し水を加え、さらに10分まわしてミキシングする。再び全体が均一になったらミックスシードを加え、まんべんなく行き渡るまで低速で2分まわして混ぜ込む。

手ごねの場合：ボウルに3種の粉を盛り、真ん中に大きなくぼみを作る。くぼみ部分に水の半量を入れ、塩、ルヴァンリキッド、細かくほぐした生イースト、はちみつを加え、ざっと混ぜる。残りの水とミックスシードを加え、全体がなじむまでよくこね、足し水を加えてさらによくこねる。

※機械ごねでも手ごねでも、シード類は生でもOKですが、ローストした方がおいしくなるのでおすすめです。

2 流し込み

すぐに生地をカードやゴムべらで取り、植物油を塗った型に、型の高さの半分より少し上まで入れ、型ごと作業台にたたきつけて生地をならし、隙間をつぶす。

3 発酵

型ごと天板にのせ、濡れ布きんをかぶせて室温で1〜2時間発酵させる。
※生地が型の高さまでふくらめば発酵完了。

オーブンの下段に別の天板を1枚差し込み、240℃に予熱する。

4 焼成

生地の表面にミックスシードをふりかけ、庫内の天板に水50cc (材料外) を注ぎ、すぐに型をのせた天板を入れて35分焼く。いったん取り出してパンを型からはずし、温度を210℃に下げてさらに25分焼く。

5 窯出し

オーブンからパンを取り出し、網などに移して粗熱を取る。

・MEMO・

ドライフルーツを加えれば、より味わい深いパンになります。その場合、生地1kgに対して100gを目安とし、ミキシング完了後に加えて混ぜ込んでください。

PAIN AU SÉSAME

ごまパン

 3個分
（仕込み量約1.1kg）

時間

ごまの焙煎……10分

ミキシング……17分

一次発酵……3時間

（1時間30分後にパンチ）

ベンチタイム……15分

二次発酵……1時間30分～2時間

焼成……20分

材料

小麦粉（タイプ65、または強力粉）

　……500g

水（16℃）……280g＋25g（足し水用）

塩……9g

ルヴァンリキッド（p.22）……100g

生イースト……3g

白ごま……100g＋適量（仕上げ用）

ごま油……40g＋適量（仕上げ用）

1 準備

ごまを天板に広げ、180℃のオーブンで10分ローストする。香ばしく色づいたらオーブンから取り出し、ボウルに入れた水70g（材料外）に一晩浸しておく。

※一晩浸しておくと、雑穀臭がしなくなるとともに、消化しやすくなります。

2 ミキシング

機械ごねの場合：フックをつけたミキサーのボウルに小麦粉、水、塩、ルヴァンリキッド、生イーストを入れ、低速で5分まわしたあと、高速で10分まわしてミキシングする。生地がなめらかになり、ボウルの側面からはがれるようになったら、低速でまわしながらごま油を少量ずつと足し水を加えてミキシングする。全体がまとまったら、1を水ごと加えて2分まわして混ぜ込む。

手ごねの場合：作業台（またはボウル）に小麦粉を盛り、真ん中に大きなくぼみを作る。くぼみ部分に水の半量、塩、ルヴァンリキッド、細かくほぐした生イーストを入れ、ざっと混ぜる。残りの水を加え、ごま油を少量ずつ加えながら混ぜる。最後に足し水と1を水ごと加え、全体がなじむまでよく混ぜあわせる。生地にコシが出てなめらかになり、手や台につかなくなるまでしっかりこねる。

3 一次発酵

生地をひとまとめにし、濡れ布きんをかぶせて3時間発酵させる。発酵開始から1時間30分後にパンチを入れる。

4 分割＆丸め／ベンチタイム

打ち粉をした作業台の上で、生地を1個約375gに3分割する。それぞれ軽く丸形に丸め、濡れ布きんをかぶせ、室温で15分ベンチタイムを取る。

5 成形

生地をガス抜きしすぎないように注意しながら、バタール形に成形する。

6 二次発酵

クッキングペーパーを敷いた天板の上に生地を並べ、濡れ布きんをかぶせて室温で1時間30分～2時間発酵させる。

オーブンの下段に別の天板を1枚差し込み、250℃に予熱する。

7 焼成

生地の表面にごまをふりかけ、庫内の天板に水50cc（材料外）を注ぎ、すぐに生地をのせた天板を入れて20分焼く。

8 窯出し

オーブンからパンを取り出し、表面に刷毛でごま油を塗り、網などに移して粗熱を取る。

PAIN AUX BLÉS PAYSANS

地粉のパン

1個分
（仕込み量約1.1kg）

時間

ミキシング……7分

一次発酵……3時間（1時間おきにパンチ）

ベンチタイム……20分

低温長時間発酵……12時間

焼成……1時間15分

材料

地粉（強力粉）……500g

水（22℃）……380g

塩（海塩）……10g

ルヴァンデュール（p.23）……200g

1 ミキシング

機械ごねの場合：フックをつけたミキサーのボウルに材料をすべて入れ、低速で7分まわしてミキシングする。

手ごねの場合：作業台（またはボウル）に地粉を盛り、真ん中に大きなくぼみを作る。くぼみ部分に水の半量、塩、ルヴァンデュールを入れ、ざっと混ぜる。残りの水を加え、全体がなじむまでよく混ぜる。生地にコシが出てなめらかになり、手や台につかなくなるまでしっかりこねる。

2 一次発酵

生地をひとまとめにし、濡れ布きんをかぶせて室温で3時間発酵させる。この間、1時間おきにパンチを入れる。

3 丸め／ベンチタイム

打ち粉をした作業台の上で、生地をほどける程度に折り込んで丸める。濡れ布きんをかぶせ、室温で20分ベンチタイムを取る。

4 成形

生地を先のとがっていないなまこ形に成形する（**1** & **2**）。ボウルに布きんを敷いて打ち粉をし、閉じ目を下にして生地を入れる。

5 低温長時間発酵

ボウルにラップをし、冷蔵庫に入れて12時間発酵させる。

オーブンの下段に別の天板を1枚差し込み、250℃に予熱する。

6 焼成

クッキングペーパーを敷いた天板の上に生地をのせる（**3**）。生地の表面にポルカ模様のクープを入れる（**4**）。予熱が完了したら、庫内の天板に水50cc（材料外）を注ぎ、すぐに生地をのせた天板を入れて30分焼き、温度を220℃に下げてさらに45分焼く。

7 窯出し

オーブンからパンを取り出し、網などに移して粗熱を取る。

1

2

3

4

LES PAINS

AUX FARINES ATYPIQUES

グルテンフリー＆グルテン控えめのパン

PAIN À LA FARINE DE RIZ ET SARRASIN

米粉とそば粉のパン

 パウンド型 (25×11cm)
2台分 (仕込み量約1.1kg)

時間

予備発酵……3分

ミキシング……20分 (まとまれば完了)

発酵……2時間

焼成……50分

材料

米粉……200g

そば粉……300g＋適量 (仕上げ用)

水 (20℃)……520g

塩……12g

生イースト……10g

はちみつ……30g

ヘーゼルナッツオイル

　　……25g＋適量 (型に塗る分)

道具

パウンド型 (25×11cm)

1 予備発酵

ボウルに水、細かくほぐした生イースト、はちみつを入れ、ホイッパーで混ぜて溶かし、気泡が出てくるまで3分ほど休ませておく。

2 ミキシング

1のボウルにそば粉を加えてホイッパーで混ぜ、粉気がなくなったら塩を加えてさらに混ぜる。米粉を加えてゴムべらで混ぜあわせ (必要以上に混ぜすぎないよう注意)、全体が均一になったらヘーゼルナッツオイルを加え、さらに全体がなじむまで混ぜる。
※ミキサーを使用する場合は、ビーターをセットして混ぜてください。

3 流し込み

ヘーゼルナッツオイルを塗った型に、生地を型の高さの2／3まで流し込み、型ごと作業台にたたきつけて生地をならす。
※生地はドロッとした状態。

4 発酵

型ごと天板にのせ、濡れ布きんをかぶせて室温で2時間発酵させる。
※生地の表面にぶくぶくと泡が出ていれば発酵完了。
オーブンの下段に別の天板を1枚差し込み、230℃に予熱する。

5 焼成

生地の表面にそば粉をふり、庫内の天板に水50cc (材料外) を注ぎ、すぐに型をのせた天板を入れて35分焼く。いったん取り出して型からパンをはずし、温度を200℃に下げてさらに15分焼く (この時、再び庫内の天板にさらに水50cc [材料外] を注ぐ)。
※焼き時間はオーブンによって異なるので、パンにナイフを刺して焼き加減を確認してください。

6 窯出し

オーブンからパンを取り出し、網などに移して粗熱を取る。

PAIN À LA CHÂTAIGNE

栗粉のパン

 3個分
（仕込み量約1.1kg）

時間

ミキシング……13分

一次発酵……45分（完了後にパンチ）

低温長時間発酵……12時間

ベンチタイム……20分

最終発酵……1時間30分

焼成……40分

材料

オーガニックの栗粉……125g

オーガニックの小麦粉（タイプ65）
　　……325g

水（16℃）……350g

塩（海塩）……10g

ルヴァンデュール（p.23）……150g

生イースト……3g

栗のはちみつ……10g

ゆで栗（皮なし）……150g

1　準備

ゆで栗は適当な大きさに切る。

2　ミキシング

<u>機械ごねの場合</u>：フックをつけたミキサーのボウルに残りの材料を入れ、低速で13分まわしてミキシングする。こねあがったら、**1**を加えて低速で2分まわして混ぜ込む。生地のこねあげ温度は24℃を目安とする。

<u>手ごねの場合</u>：作業台（またはボウル）に2種の粉を盛り、真ん中に大きなくぼみを作る。くぼみ部分に水の半量、塩、ルヴァンデュール、細かくほぐした生イースト、はちみつを入れ、ざっと混ぜる。残りの水を加え、全体がなじむまでよく混ぜる。生地にコシが出てなめらかになり、手や台につかなくなるまでしっかりこねる。こねあがったら**1**を加え、むらなく混ぜ込む。生地のこねあげ温度は24℃を目安とする。

3　一次発酵

生地をひとまとめにし、濡れ布きんをかぶせて室温で45分発酵させる。打ち粉をした作業台の上でパンチを入れる。

4　低温長時間発酵

ボウルに生地を入れ、ラップをかぶせて冷蔵庫に入れ、12時間発酵させる。

5　分割＆丸め／ベンチタイム

打ち粉をした作業台の上で、生地を1個約370gに3分割し、それぞれ軽く丸形に丸める。濡れ布きんをかぶせ、室温で20分ベンチタイムを取る。

6　成形

生地を先のとがっていないなまこ形に成形し、クッキングペーパーを敷いた天板の上に並べる。

7　最終発酵

濡れ布きんをかぶせ、室温で1時間30分発酵させる。
オーブンの下段に別の天板1枚を差し込み、240℃に予熱する。

8　焼成

庫内の天板に水50cc（材料外）を注ぎ、すぐに生地をのせた天板を入れて40分焼く。

9　窯出し

オーブンからパンを取り出し、網などに移して粗熱を取る。

PAIN AU MAÏS ET GRAINES DE TOURNESOL

ひまわりの種の入ったとうもろこしのパン

 5本分
(仕込み量約2kg)

時間

ミキシング……15分

一次発酵……2時間

ベンチタイム……20分

二次発酵……1時間30分

焼成……25分

材料

とうもろこし粉

　　……300g＋適量（仕上げ用）

小麦粉（タイプ65）……700g

水（20℃）……650g

塩……18g

ルヴァンリキッド（p.22）……100g

生イースト……5g

卵……1個

バター……20g

ポップコーン……150g

ひまわりの種……100g

1　ミキシング

機械ごねの場合：フックをつけたミキサーのボウルにポップコーンとひまわりの種以外の材料を入れ、低速で5分まわしたあと、高速で10分まわしてミキシングする。生地がなめらかになり、ボウルの側面からはがれるようになったら、ポップコーンとひまわりの種を加え、低速で2分まわして混ぜ込む。

手ごねの場合：作業台（またはボウル）に2種の粉を盛り、真ん中に大きなくぼみを作る。くぼみ部分に水の半量、塩、ルヴァンリキッド、細かくほぐした生イースト、卵、バターを入れ、ざっと混ぜる。残りの水を加え、全体がなじむまでよく混ぜあわせる。生地にコシが出てなめらかになり、手や台につかなくなるまでしっかりこねる。こねあがったらポップコーンとひまわりの種を加え、むらなく混ぜ込む。

2　一次発酵

生地をひとまとめにし、濡れ布きんをかぶせて室温で2時間発酵させる。

3　分割＆丸め／ベンチタイム

打ち粉をした作業台の上で、生地を1個約400gに5分割し、それぞれ軽くラグビーボール形に丸める。濡れ布きんをかぶせ、室温で20分ベンチタイムを取る。

4　成形

生地を長さ約30cmのバゲット形に成形し、クッキングペーパーを敷いた天板に並べる。

5　二次発酵

濡れ布きんをかぶせ、室温で1時間30分発酵させる。
オーブンの下段に別の天板を1枚差し込み、230℃に予熱する。

6　焼成

生地の表面に軽くとうもろこし粉をふる。予熱が完了したら、庫内の天板に水50cc（材料外）を注ぎ、すぐに生地をのせた天板を入れて25分焼く。
※写真（p.83）のようにコーングリッツをふってもOK。

7　窯出し

オーブンからパンを取り出し、網などに移して粗熱を取る。

PAIN À LA FARINE DE RAISIN

グレープシードパウダーのパン

 パウンド型 (25×11cm)
2台分 (仕込み量約2kg)

時間

オートリーズ……1時間

ミキシング……11分

一次発酵……2時間

（15分後と45分後にパンチ）

二次発酵……2時間

焼成……45分

材料

GSEパウダー (グレープフルーツシードエクス
　トラクトパウダー) ……100g

小麦粉 (タイプ65) ……800g

石臼挽きの全粒粉 (タイプ80) ……100g

水 (20℃) ……625g

塩 (海塩) ……20g

ルヴァンデュール (p.23) ……300g

生イースト……3g

ゴールデンレーズン……40g

植物油……適量

湯……適量 (レーズンの吸水用)

道具

パウンド型 (25×11cm)

1　準備

ボウルにレーズンと湯を入れ、一晩浸してレーズンを戻す。戻したレーズンは水気を
切っておく。

2　オートリーズ

機械ごねの場合：フックをつけたミキサーのボウルに3種の粉と水を入れ、全体が均
一になるまで低速で5分まわして混ぜる。濡れ布きんをかぶせ、室温で1時間休ま
せる。

手ごねの場合：ボウルに3種の粉を盛り、真ん中に大きなくぼみを作る。くぼみ部分
に水の2／3量を注ぎ、粉気がなくなるまで混ぜる。ボウルに濡れ布きんをかぶせ、
室温で1時間休ませる。

3　ミキシング

機械ごねの場合：2のボウルにレーズンと植物油以外の残りの材料を加え、低速で
10分まわしたあと、高速で1分まわしてミキシングする。こねあがったら、1のレーズ
ンを加えて低速で1分まわして混ぜ込む。

手ごねの場合：2のボウルに、残りの水、塩、ルヴァンデュール、細かくほぐした生イ
ーストを加え、よく混ぜあわせる。生地を作業台に取り出し、コシが出てなめらかに
なり、手や台につかなくなるまでしっかりこねる。こねあがったら、1のレーズンを加
えてむらなく混ぜ込む。

4　一次発酵

生地をひとまとめにし、濡れ布きんをかぶせて室温で2時間発酵させる。発酵開始
から、15分後と45分後にパンチを入れる。

5　流し込み

植物油を塗った型に、生地をそれぞれ型の高さの半分まで入れる。

6　二次発酵

型ごと天板にのせ、濡れ布きんをかぶせて室温で2時間発酵させる。
※生地が型の縁までふくらめば発酵完了。

オーブンの下段に別の天板を1枚差し込み、230℃に予熱する。

7　焼成

庫内の天板に水50cc (材料外) を注ぎ、すぐに型をのせた天板を入れて30分焼く。
いったん取り出してパンを型からはずし、温度を200℃に下げてさらに15分焼く。

8　窯出し

オーブンからパンを取り出し、網などに移して粗熱を取る。

PAIN À LA SEMOULE

セモリナ粉のパン

2個分
(仕込み量約940g)

時間

ミキシング……11分

一次発酵……2時間

ベンチタイム……15分

二次発酵……2時間

焼成……20分

材料

デュラムセモリナ粉
　　……125g＋適量（打ち粉用）

小麦粉（タイプ65）……375g

水（20℃）……350g

塩……10g

ルヴァンリキッド（p.22）……100g

生イースト……2g

道具

バヌトンまたはボウル

1　ミキシング

機械ごねの場合：フックをつけたミキサーのボウルに材料をすべて入れ、低速で4分まわしたあと、高速で7分まわしてミキシングする。

※生地にコシが出てなめらかになればミキシング完了。

手ごねの場合：作業台（またはボウル）に2種の粉を盛り、真ん中に大きなくぼみを作る。くぼみ部分に水の半量、塩、ルヴァンリキッド、細かくほぐした生イーストを入れ、ざっと混ぜる。残りの水を加え、全体がなじむまでよく混ぜる。生地にコシが出てなめらかになり、手や台につかなくなるまでしっかりこねる。

2　一次発酵

生地をひとまとめに丸め、セモリナ粉をふったバヌトンの中に入れる。濡れ布きんをかぶせ、室温で2時間発酵させる。

※生地がふくらめば発酵完了。

3　分割＆丸め／ベンチタイム

打ち粉をした作業台の上で、生地を1個約470gに2分割し、それぞれ軽く丸形に丸める。濡れ布きんをかぶせ、室温で15分ベンチタイムを取る。

4　成形

生地を先のとがっていないなまこ形に成形する。

5　二次発酵

クッキングペーパーを敷いた天板の上に、閉じ目を上にして生地を並べ、濡れ布きんをかぶせて室温で2時間発酵させる。

天板の下段に別の天板を1枚差し込み、230℃に予熱する。

6　焼成

庫内の天板に水50cc（材料外）を注ぎ、すぐに生地をのせた天板を入れて20分焼く。

※焼きあがりは、生地の閉じ目が開いてクープになります。

7　窯出し

オーブンからパンを取り出し、網などに移して粗熱を取る。

・MEMO・

このパンは、クラストが軽くパリッとした状態がベストなので、焼きすぎに注意してください。

―

PAIN À LA FARINE DE LUPIN ET AMANDES

ルピナスシードパウダーとアーモンドのパン

 パウンド型 (25×11cm)
2台分 (仕込み量約620g)

時間

ミキシング……7分
発酵……2時間
焼成……40分

材料

ルパン豆粉……100g
全粒粉 (タイプ150)……200g
水 (16℃)……250g
塩……3g
生イースト……5g
ココナッツシュガー……10g
ココナッツオイル……10g
アーモンド (ホール)……40g
植物油……適量

道具

パウンド型 (25×11cm)

1 ミキシング

機械ごねの場合：ビーターをつけたミキサーのボウルに水、生イースト、ココナッツシュガーを入れ、低速で3分まわしたあと、2種の粉と塩を加えて4分まわしてミキシングする。生地がボウルから離れる状態にこねあがったら、アーモンドとココナッツオイルを加え、1分まわして混ぜ込む。

手ごねの場合：作業台 (またはボウル) に2種の粉を盛り、真ん中に大きなくぼみを作る。くぼみ部分に水の半量、塩、細かくほぐした生イースト、ココナッツシュガーを入れ、ざっと混ぜる。残りの水とココナッツオイルを加え、全体がなじむまでよく混ぜる。生地にコシが出てなめらかになり、手や台につかなくなるまでしっかりこねる。こねあがったら、アーモンドを加えて混ぜ込む。

※機械ごねでも手ごねでも、アーモンドは生でもOKですが、ローストした方がおいしくなるのでおすすめです。

2 流し込み

植物油を塗った型に、生地をそれぞれ型の高さの2／3まで流し込み、型ごと作業台にたたきつけて生地をならす。

3 発酵

型ごと天板にのせ、濡れ布きんをかぶせて室温で2時間発酵させる。
オーブンの下段に別の天板を1枚差し込み、240℃に予熱する。

4 焼成

庫内の天板に水50cc (材料外) を注ぎ、すぐに型をのせた天板を入れて30分焼く。
いったん取り出してパンを型からはずし、温度を200℃に下げてさらに10分焼く。

5 窯出し

オーブンからパンを取り出し、網などに移して粗熱を取る。

PAIN DE KAMUT®

カムット小麦のパン

 3個分
（仕込み量約960g）

時間

ミキシング ……8分

一次発酵 ……1時間30分

ベンチタイム ……30分

二次発酵 ……1時間30分

焼成 ……25分

材料

カムット小麦粉

　……300g＋適量（仕上げ用）

小麦粉（タイプ65）……200g

水（20℃）……325g

塩 ……10g

ルヴァンリキッド（p.22）……150g

生イースト ……1g

1 ミキシング

機械ごねの場合：フックをつけたミキサーのボウルに材料をすべて入れ、低速で4分まわしたあと、高速で4分まわしてミキシングする。

手ごねの場合：作業台（またはボウル）に2種の粉を盛り、真ん中に大きくぼみを作る。くぼみ部分に水の半量、塩、ルヴァンリキッド、細かくほぐした生イーストを入れ、ざっと混ぜる。残りの水を加え、全体がなじむまでよく混ぜる。生地にコシが出てなめらかになり、手や台につかなくなるまでしっかりこねる。

2 一次発酵

生地をひとまとめに丸め、濡れ布きんをかぶせて室温で1時間30分発酵させる。
※生地がふくらめば発酵完了。

3 分割＆丸め／ベンチタイム

打ち粉をした作業台の上で、生地を1個約320gに3分割し、それぞれ軽く丸める。濡れ布きんをかぶせ、室温で30分ベンチタイムを取る。

4 成形

生地を長さ約20cmのバタール形に成形する。

5 二次発酵

クッキングペーパーを敷いた天板の上に、閉じ目を下にして生地を並べ、濡れ布きんをかぶせて室温で1時間30分発酵させる。
オーブンの下段に別の天板を1枚差し込み、225℃に予熱する。

6 焼成

生地の表面にカムット小麦をふるい、縦に2本クープを入れる。予熱が完了したら、庫内の天板に水50cc（材料外）を注ぎ、すぐに生地をのせた天板を入れて25分焼く。

7 窯出し

オーブンからパンを取り出し、網などに移して粗熱を取る。

．MEMO．

カムット小麦粉は扱いが難しく、生地はあまりふくらみません。慣れるまでは、生地を型に入れて焼くとよいでしょう。

PAIN À LA FARINE DE LENTILLE ET POIS CHICHE

レンズ豆粉とひよこ豆粉のパン

 2個分
（仕込み量約840g）

時間

ミキシング……8分

一次発酵……3時間
（1時間30分後にパンチ）

ベンチタイム……15分

二次発酵……1時間30分

焼成……55分

材料

レンズ豆粉……75g

ひよこ豆粉……75g

小麦粉（タイプ55）……350g

水（16℃）……300g

塩……9g

生イースト……5g

ココナッツシュガー……20g

オリーブオイル……大さじ1

1 ミキシング

機械ごねの場合：フックをつけたミキサーのボウルに材料をすべて入れ、低速で4分まわしたあと、高速で4分まわしてミキシングする。

手ごねの場合：作業台（またはボウル）に3種の粉を盛り、真ん中に大きなくぼみを作る。くぼみ部分に水の半量、塩、細かくほぐした生イースト、ココナッツシュガーを入れ、ざっと混ぜる。残りの水とオリーブオイルを加え、全体がなじむまでよく混ぜる。生地にコシが出てなめらかになり、手や台につかなくなるまでしっかりこねる。

2 一次発酵

生地をひとまとめにし、濡れ布きんをかぶせて室温で3時間発酵させる。発酵開始から1時間30分後にパンチを入れる。

3 分割＆丸め／ベンチタイム

打ち粉をした作業台の上で、生地を1個約420gに2分割し、それぞれ軽く丸形に丸める。濡れ布きんをかぶせ、室温で15分ベンチタイムを取る。

4 二次発酵

生地を丸め直し、クッキングペーパーを敷いた天板の上に閉じ目を下にして並べ、濡れ布きんをかぶせて室温で1時間30分発酵させる。
オーブンの下段に別の天板を1枚差し込み、250℃に予熱する。

5 焼成

生地の表面に十字のクープを入れる。予熱が完了したら、庫内の天板に水50cc（材料外）を注ぎ、すぐに生地をのせた天板を入れて30分焼き、温度を220℃に下げてさらに25分焼く。

6 窯出し

オーブンからパンを取り出し、網などに移して粗熱を取る。

PAIN DE CHANVRE

麻の実パン

 2個分
（仕込み量約1kg）

時間

ミキシング……11分

一次発酵
　……1時間（30分後と発酵完了時にパンチ）

低温長時間発酵……12時間

ベンチタイム……15分

最終発酵……1時間30分

焼成……30分

材料

麻の実粉……500g

水（16℃）……275g＋10g（足し水用）

塩（海塩）……9g

ルヴァンリキッド（p.22）……100g

生イースト……2g

麻の実……80g

1 準備

ボウルに麻の実と水50g（材料外）を入れ、一晩浸しておく。

2 ミキシング

機械ごねの場合：フックをつけたミキサーのボウルに足し水以外の残りの材料を入れ、低速で5分まわしたあと、足し水を少しずつ加えながら高速で6分まわしてミキシングする。こねあがったら、1の麻の実を加え、低速で1分まわして混ぜ込む。
※全体が均一になればミキシング完了。

手ごねの場合：作業台（またはボウル）に麻の実粉を盛り、真ん中に大きなくぼみを作る。くぼみ部分に水の半量を少しずつ入れ、塩、ルヴァンリキッド、細かくほぐした生イーストを加え、ざっと混ぜる。残りの水を加え、全体がなじむまでよく混ぜ、さらに足し水を加えてよく混ぜる。生地を台に力強くたたきつけ、手前に引っぱりあげて向こう側に折りたたみ、再びたたきつける。これを繰り返し、生地にコシが出てなめらかになり、手や台につかなくなるまでしっかりこねる。こねあがったら、1の麻の実を加えて混ぜ込む。

3 一次発酵

生地をひとまとめに丸めてボウルに入れ、濡れ布きんをかぶせて室温で1時間発酵させる。発酵開始から、30分後と発酵完了時にパンチを入れる。

4 低温長時間発酵

ボウルにラップをかぶせ、冷蔵庫に入れて12時間発酵させる。

5 分割＆丸め／ベンチタイム

打ち粉をした作業台の上で、生地を1個約500gに2分割し、それぞれ軽く丸形に丸める。濡れ布きんをかぶせ、室温で15分ベンチタイムを取る。
オーブンを40℃に予熱しておく。

6 成形

生地をバタール形に成形し、クッキングペーパーを敷いた天板の上に閉じ目を下にして並べる。

7 最終発酵

あたたまったオーブン（25〜30℃）に生地をのせた天板を入れ、1時間30分発酵させる。
オーブンから発酵させた生地を天板ごと取り出し、オーブンの下段に別の天板を1枚差し込み、240℃に予熱する。

8 焼成

生地の表面に縦に1本クープを入れ、庫内の天板に水50cc（材料外）を注ぎ、すぐに生地をのせた天板を入れて20分焼き、温度を180℃に下げてさらに10分焼く。

9 窯出し

オーブンからパンを取り出し、網などに移して粗熱を取る。

PAIN À LA FARINE DE QUINOA

キヌアのパン

 パウンド型 (25×11cm)
3台分 (仕込み量約930g)

時間

ミキシング……11分

一次発酵……1時間30分

　　　　　(30分後にパンチ)

ベンチタイム……20分

二次発酵……1時間30分

焼成……25分

材料

キヌア粉……125g

オーガニックのアインコーン小麦粉

　　……375g＋適量 (仕上げ用)

水 (24℃)……320g

塩 (海塩)……10g

ルヴァンリキッド (p.22)……100g

生イースト……3g

植物油……適量

道具

パウンド型 (25×11cm)

1　ミキシング

機械ごねの場合：フックをつけたミキサーのボウルに植物油以外の材料を入れ、低速で8分まわしたあと、高速で3分まわしてミキシングする。生地のこねあげ温度は23〜25℃を目安とする。

手ごねの場合：作業台 (またはボウル) に2種の粉を盛り、真ん中に大きなくぼみを作る。くぼみ部分に水の半量、塩、ルヴァンリキッド、細かくほぐした生イーストを入れ、ざっと混ぜる。残りの水を加え、全体がなじむまでよく混ぜる。生地にコシが出てなめらかになり、手や台につかなくなるまでしっかりこねる。

2　一次発酵

生地をひとまとめにし、濡れ布きんをかぶせて室温で1時間30分発酵させる。発酵開始から30分後にパンチを入れる。

3　分割＆丸め／ベンチタイム

打ち粉をした作業台の上で、生地を1個310gに3分割し、それぞれ軽く丸形に丸める。濡れ布きんをかぶせ、室温で20分ベンチタイムを取る。

4　成形

生地をバタール形に成形し、植物油を塗った型に入れる。

5　二次発酵

型ごと天板にのせ、濡れ布きんをかぶせて室温で1時間30分発酵させる。
オーブンの下段に別の天板を1枚差し込み、240℃に予熱する。

6　焼成

生地の表面に軽くアインコーン小麦粉をふる。予熱が完了したら、庫内の天板に水50cc (材料外) を注ぎ、すぐに型をのせた天板を入れて25分焼く。

7　窯出し

オーブンから取り出してパンを型からはずし、網などに移して粗熱を取る。

PAIN À LA FARINE DE PATATE DOUCE

さつまいものパン

 3個分
（仕込み量約1.1kg）

時間

ミキシング……13〜15分

一次発酵……2時間30分

　　　　　（1時間後にパンチ）

ベンチタイム……20分

二次発酵……1時間30分〜2時間

焼成……20分

材料

さつまいも粉……150g

小麦粉（タイプ65）

　　……500g＋適量（打ち粉用）

水（16℃）……300g

塩……10g

ルヴァンリキッド（p.22）……32g

生イースト……3g

はちみつ……22g

かぼちゃの種……80g

オリーブオイル……23g＋適量（仕上げ用）

水……適量（生地に塗る分）

1　ミキシング

機械ごねの場合：フックをつけたミキサーのボウルにかぼちゃの種以外の材料を入れ、低速で5分まわしたあと、高速で8〜10分ミキシングする。こねあがったら、かぼちゃの種を加え（少しトッピング用に取っておく）、低速で1分まわして混ぜ込む。

※生地がなめらかになり、ボウルの側面からはがれるようになればミキシング完了。

手ごねの場合：作業台（またはボウル）に2種の粉を盛り、真ん中に大きなくぼみを作る。くぼみ部分に水の半量、塩、ルヴァンリキッド、細かくほぐした生イースト、はちみつを入れ、ざっと混ぜる。残りの水とオリーブオイルを加え、全体がなじむまでよく混ぜる。生地にコシが出てなめらかになり、手や台につかなくなるまでしっかりこねる。こねあがったら、かぼちゃの種を加えて（少しトッピング用に取っておく）混ぜ込む。

※機械ごねでも手ごねでも、かぼちゃの種は生でもOKですが、ローストした方がおいしくなるのでおすすめです。

2　一次発酵

生地をひとまとめにし、濡れ布きんをかぶせて室温で2時間30分発酵させる。発酵開始から1時間後にパンチを入れる。

3　分割＆丸め／ベンチタイム

打ち粉をした作業台の上で、生地を1個約370gに3分割し、それぞれ軽く丸形に丸める。濡れ布きんをかぶせ、室温で20分ベンチタイムを取る。

4　成形

生地を先のとがっていないなまこ形に成形し、生地の表面に刷毛で水を薄く塗り、取っておいたかぼちゃの種を散らす。

5　二次発酵

クッキングペーパーを敷いた天板の上に生地を並べ、濡れ布きんをかぶせて室温で1時間30分〜2時間発酵させる。

※生地が2倍にふくらめば発酵完了。

オーブンの下段に別の天板を1枚差し込み、240℃に予熱する。

6　焼成

庫内の天板に水50cc（材料外）を注ぎ、すぐに生地をのせた天板を入れて約20分焼く。

7　窯出し

オーブンからパンを取り出し、表面に刷毛でオリーブオイルを塗り、網などに移して粗熱を取る。

LES PAINS

DU MONDE

世界のパン

PIZZA

ピザ

 大2枚分
（仕込み量約920g）

時間

ミキシング……13分

一次発酵……2時間（1時間後にパンチ）

二次発酵……1時間

焼成……15分

材料

ピザ生地

小麦粉（タイプ65）……500g

水（20℃）……260g

塩……10g

ルヴァンリキッド（p.22）……100g

生イースト……5g

砂糖……15g

オリーブオイル……30g＋適量（仕上げ用）

トッピング

トマトソース……400g

エメンタールチーズ（シュレッド）……200g

ハム……10枚

乾燥オレガノ……少量

1 ミキシング

機械ごねの場合：フックをつけたミキサーのボウルにオリーブオイル以外の材料を入れ、低速で5分まわしたあと、高速で6分まわしてミキシングする。オリーブオイルを加え、さらに2分まわしてミキシングする。

手ごねの場合：ボウルに小麦粉を入れ、真ん中に大きなくぼみを作る。くぼみ部分に水の半量、塩、ルヴァンリキッド、細かくほぐした生イースト、砂糖を入れ、ざっと混ぜる。少しずつ残りの水を加え、全体がなじむまで混ぜる。さらにオリーブオイルを加え、生地がボウルの側面にくっつかなくなるまでよく混ぜる。生地を作業台の上に移し、なめらかになるまでしっかりこねる。

2 一次発酵

生地をひとまとめに丸め、濡れ布きんをかぶせて室温で2時間発酵させる。発酵開始から1時間後にパンチを入れる。

※生地がふくらめば発酵完了。

3 分割／成形

打ち粉をした作業台の上で、生地を1個約460gに2分割し、それぞれめん棒で天板と同じサイズにのばす。クッキングペーパーを敷いた天板の上に生地をのせ、縁まわり1cmを残してフォークで刺し、全体に穴を開ける。

4 二次発酵

濡れ布きんをかぶせ、室温で1時間発酵させる。

オーブンの下段に別の天板を1枚差し込み、235℃に予熱する。

5 トッピングをのせる

生地の表面にトマトソースを塗り広げ、上にハムを並べ、オレガノとエメンタールチーズをふりかける。

6 焼成

庫内の天板に水50cc（材料外）を注ぎ、すぐに生地をのせた天板を入れて4分焼き、温度を220℃に下げてさらに11分焼く。

7 窯出し

オーブンからピザを取り出し、生地の縁まわりに刷毛でオリーブオイルを薄く塗る。

・MEMO・

のばした生地の実際のサイズは作業台の上ではよくわかりません。生地をいったん作業台からはがすと、生地はある程度縮みます。この縮んだ状態が天板のサイズになるまでのばします。

—

BURGER

ハンバーガーバンズ

10個分
（仕込み量約1kg）

時間

ミキシング……15分
一次発酵……45分
二次発酵……2時間
焼成……14分

材料

小麦粉（タイプ45）……500g
水（16℃）……200g
塩……10g
ルヴァンリキッド（p.22）……50g
生イースト……12g
卵黄……3個分
砂糖……35g
脱脂粉乳……25g
バター……25g
ひまわり油……50g＋適量（仕上げ用）
白ごま（仕上げ用）……適量

1　ミキシング

機械ごねの場合：フックをつけたミキサーのボウルに小麦粉、水、塩、ルヴァンリキッド、生イースト、卵黄、砂糖、脱脂粉乳を入れ、低速で5分まわしたあと、バターを加えて高速で7分まわしてミキシングする。さらにひまわり油を加え、3分まわしてミキシングする。

手ごねの場合：作業台（またはボウル）に小麦粉を盛り、真ん中に大きなくぼみを作る。くぼみ部分に水の半量、塩、ルヴァンリキッド、細かくほぐした生イースト、卵黄、砂糖、脱脂粉乳を入れ、ざっと混ぜる。残りの水を加えて全体がなじむまで混ぜ、さらにバターを加えてよく混ぜあわせる。ひまわり油を加えてなじむまで混ぜ、生地にコシが出てなめらかになり、手や台につかなくなるまでしっかりこねる。

2　一次発酵

濡れ布きんをかぶせて室温で15分休ませ、冷蔵庫に入れて約30分発酵させる。

3　分割／成形

打ち粉をした作業台の上で、生地を1個約100gに10分割し、それぞれ丸形に成形する。生地の表面に刷毛でひまわり油を塗り、バットに広げたごまに生地の表面を押しつけてまぶす。

4　二次発酵

クッキングペーパーを敷いた天板の上に生地を並べ、濡れ布きんをかぶせて室温で2時間発酵させる。
オーブンの下段に別の天板を1枚差し込み、170℃に予熱する。

5　焼成

庫内の天板に水50cc（材料外）を注ぎ、すぐに生地をのせた天板を入れて14分焼く。

6　窯出し

オーブンからパンを取り出し、網などに移して粗熱を取る。

・VARIANTES・

バリエーション

トマト風味のレッドバンズ：水50g分をトマトペースト50gに置き換えます。
ブラックバンズ：生地1kgに対して10gのイカ墨を加えます。
—

BUN BAO BAO
割包
（クワバオ）

12個分
（仕込み量約840g）

時間

ミキシング……10分
一次発酵……1時間30分
二次発酵……45分
焼成……20分

材料

小麦粉（タイプ45）……500g
水（35℃）……270g
塩……6g
生イースト……10g
砂糖……20g
植物油（無味無臭のもの）
　……20g＋適量（仕上げ用）

1 ミキシング

機械ごねの場合：フックをつけたミキサーのボウルに水と生イーストを入れて、低速で軽くまわしてミキシングする。小麦粉、塩、砂糖、植物油を加え、超低速で10分まわしてミキシングする。

手ごねの場合：作業台（またはボウル）に小麦粉を盛り、真ん中に大きなくぼみを作る。くぼみ部分に水の半量、塩、細かくほぐした生イースト、砂糖を入れ、ざっと混ぜる。残りの水と植物油を加え、全体がなじむまでよく混ぜる。生地にコシが出てなめらかになり、手や台につかなくなるまでしっかりこねる。

2 一次発酵

生地をひとまとめに丸めてボウルに入れ、濡れ布きんをかぶせて室温で1時間30分発酵させる。
オーブンを40℃に予熱する。

3 分割／成形

打ち粉をした作業台の上で、生地を1個約70gに12分割し、それぞれめん棒で楕円形にのばす（**1**）。生地を台からはがして自然に収縮させ、クッキングペーパーを敷いた天板の上に並べる。生地の表面に刷毛で植物油を薄く塗り、生地の半分を覆えるサイズの長方形に切ったクッキングペーパーを横長にして生地の半分にかぶせる（**2** & **3**）。残り半分の生地をクッキングペーパーの上に折り返す（**4**）。

4 二次発酵

あたたまったオーブン（25〜30℃）に生地をのせた天板を入れ、生地がよくふくらむまで45分発酵させる。
オーブンの下段に別の天板を1枚差し込み、110℃に予熱する。

5 焼成

庫内の天板に水330cc（材料外）を注ぎ、すぐに生地をのせた天板を入れて 20分焼く。
※生地を蒸す場合：鍋に湯を沸かし、蒸し器を重ね、互いがふれないように生地を並べ、ふたをして10分ほど蒸します。蒸しあがると、蒸気の作用で、生地の表面が光沢のある膜で覆われた状態になります。

・MEMO・

割包は中国風蒸しパン。蒸して作る際には、蒸し器を使い、生地よりひとまわり大きな四角に切ったクッキングペーパーの上に生地をのせ、クッキングペーパーを持ちあげて蒸しカゴにそっと入れます（ガスが抜けるのを避けるため）。

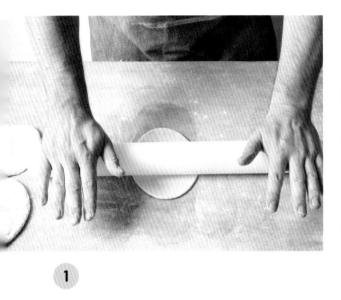

1

2

3

4

PAIN NAAN

ナン

 9枚分
(仕込み量約900g)

時間

ミキシング……10分

発酵……2時間

ベンチタイム……1時間

焼成……5分 (1枚)

材料

小麦粉 (タイプ65)
　　……470g＋適量 (仕上げ用)

牛乳……120g

水 (20℃)……115g

塩 (細粒)……5g

ルヴァンリキッド (p.22)……100g

生イースト……10g

砂糖……10g

卵……1個

溶かしバター……45g

道具

ピザストーン (またはピザ用天板)

1 準備

ボウルに牛乳と水を入れて混ぜ、さらに砂糖と塩を加えて混ぜる。

2 ミキシング

機械ごねの場合：フックをつけたミキサーのボウルに小麦粉、ルヴァンリキッド、生イースト、卵、**1**を入れ、全体が均一になるまで低速で10分まわしてミキシングする。

手ごねの場合：作業台 (またはボウル) に小麦粉を盛り、真ん中に大きなくぼみを作る。くぼみ部分に**1**の半量、ルヴァンリキッド、細かくほぐした生イースト、卵を入れ、ざっと混ぜる。残りの**1**を加え、全体がなじむまで混ぜる。生地にコシが出てなめらかになり、手や台につかなくなるまでしっかりこねる。

3 発酵

生地をひとまとめにし、濡れ布きんをかぶせて室温で約2時間発酵させる。

※生地が2倍にふくらめば発酵完了。

オーブンにピザストーンを入れ、下段には天板1枚を差し込み、240℃に予熱する。

4 分割＆丸め／ベンチタイム

打ち粉をした作業台の上で、生地を1個約100gに9分割し、それぞれ軽く丸形に丸める。表面に粉をふり、濡れ布きんをかぶせ、室温で1時間ベンチタイムを取る。

5 焼成

打ち粉をした作業台の上で、生地を手で押し広げて少し厚みのある楕円形にのばす。庫内の天板に水50cc (材料外) を注ぎ、ピザストーンに生地をのせて約5分焼く。

※生地がしっかりふくらみ、表面にこんがり焼き色がつけば焼きあがり。

6 窯出し

オーブンからナンを取り出し、表面に刷毛で溶かしバターを塗る。

VARIANTES

バリエーション

シード入りナン：生地がこねあがったら、シード類 (ごま、亜麻、ケシの実など) を加えて混ぜ込みます。

チーズナン：生地の上に溶けるチーズ (適量) を広げ、生地を折って焼きます。

PAIN PITA

ピタパン

 7枚分
（仕込み量約840g）

時間

ミキシング……5分

発酵……1時間

ベンチタイム……10分

焼成……5〜10分

材料

小麦粉（タイプ65）……475g

水（16℃）……220g

塩……4g

ルヴァンリキッド（p.22）……75g

生イースト……25g

砂糖……10g

オリーブオイル……45g

1 ミキシング

ボウルに材料をすべて入れ、手でよく混ぜる。全体が均一になったら、打ち粉をした作業台の上に取り出し、生地がなめらかになるまで5分こねる。

2 発酵

生地をボウルに戻し、濡れ布きんをかぶせて室温で1時間発酵させる。

クッキングペーパーを敷いた天板をオーブンに入れ、240℃に予熱する。

※作業効率を考え、ここでクッキングペーパーを敷いていますが、焼成時に敷いてもOKです。

3 分割／成形／ベンチタイム

打ち粉をした作業台の上で、生地を1個約120gに7分割し、それぞれ厚さ約1cmにのばす。濡れ布きんをかぶせ、室温で10分ベンチタイムを取る。

4 焼成

庫内の天板の上に生地を並べ、オーブンで5〜10分焼く。

※焼きあがりの生地はふくらんでいますが、オーブンから出すとしぼみます。

BAGEL

ベーグル

 9個分
(仕込み量約900g)

時間

ミキシング……10分

一次発酵……1時間

ベンチタイム……15分

二次発酵……30分

ケトリング……3分（1個）

焼成……15分

材料

小麦粉（タイプ65）

　……500g＋適量（仕上げ用）

水（20℃）……200g

塩……10g

ルヴァンリキッド（p.22）……100g

生イースト……5g

砂糖……20g

卵……1個

バター（室温に戻したもの）……25g

ケシの実、白ごま、溶き卵……各適量

1　ミキシング

機械ごねの場合：フックをつけたミキサーのボウルに小麦粉、水、塩、ルヴァンリキッド、生イースト、砂糖、卵を入れ、低速で4分まわしたあと、高速で3分まわしてミキシングする。バターを加え、さらに3分まわしてミキシングする。

手ごねの場合：作業台（またはボウル）に小麦粉を盛り、真ん中に大きなくぼみを作る。くぼみ部分に水の半量、塩、ルヴァンリキッド、細かくほぐした生イースト、砂糖、卵を入れ、ざっと混ぜる。残りの水を加えて全体がなじむまで混ぜ、さらにバターを加えてよく混ぜあわせる。生地にコシが出てなめらかになり、手や台につかなくなるまでしっかりこねる。

2　一次発酵

生地をひとまとめに丸め、濡れ布きんをかぶせて室温で1時間発酵させる。

※生地がふくらめば発酵完了。

3　分割／ベンチタイム

打ち粉をした作業台の上で、生地を手のひらで押してガス抜きする。生地をざっとまとめ、1個約100gに9分割し、それぞれ軽く丸形に丸める。濡れ布きんをかぶせ、室温で15分ベンチタイムを取る。

4　成形

生地を手のひらで転がして均一に丸め（**1**）、表面に粉をふる。生地の中央に指で穴を開け（**2**）、左右から指をとおしてくるくるまわし、少しずつ穴を広げていく（**3**）。

5　二次発酵

濡れ布きんをかぶせ、室温で30分発酵させる。

※生地がふくらんで、穴が1／2の大きさになれば発酵完了。

オーブンの下段に天板を1枚差し込み、200℃に予熱する。

6　ケトリング

大きな鍋に水（材料外、適量）を入れていったん沸騰させ、静かにフツフツと軽く沸く程度の火加減に弱め、生地を穴杓子でひとつずつ入れる（**4**）。片面を1分30秒ゆで、生地を裏返してさらに1分30秒ゆでる（ゆでることで生地がふくらむ）。ゆであがった生地を取り出し、流しの上にセットしておいた網の上に移して、水気を切る。

7　トッピング

大きなバットを2枚用意し、それぞれにケシの実とごまを広げる。ゆでた生地の表面に刷毛で溶き卵を塗り、バットに入れたごままたはケシの実に生地をひっくり返してまぶし、クッキングペーパーを敷いた別の天板の上に並べる。

8　焼成

庫内の天板に水50cc（材料外）を注ぎ、すぐに生地をのせた天板を入れて15分焼く。

9　窯出し

オーブンからベーグルを取り出し、網などに移して粗熱を取る。

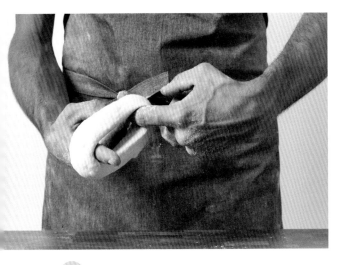

WRAP

ラップサンド生地

 8枚分
（仕込み量約640g）

時間

ミキシング …… 最大で約20分
（まとまれば完了）
発酵 …… 30分
焼成 …… 40秒〜1分（1枚）

材料

小麦粉（タイプ55）……400g
水（16℃）……150g
塩 …… 小さじ1
オリーブオイル …… 90g

1 ミキシング

機械ごねの場合：フックをつけたミキサーのボウルに小麦粉と塩を入れ、水を少しずつ加えながら、生地がなめらかになり、ボウルの側面からはがれるまで低速で17分ほどまわしてミキシングする。オリーブオイルを加え、さらに3分まわしてミキシングする。
※生地がひとまとまりになり、ボウルの側面からはがれるようになればミキシング完了。

手ごねの場合：ボウルに小麦粉を盛り、真ん中に大きなくぼみを作る。くぼみ部分に水の半量と塩を入れ、ざっと混ぜる。残りの水とオリーブオイルを加え、全体が混ざるまでよく混ぜる。生地にコシが出てなめらかになり、手やボウルにつかなくなるまでしっかりこねる。

2 分割＆丸め

生地を8分割し、それぞれ軽く丸形に丸める。

3 発酵

濡れ布きんをかぶせ、室温で約30分発酵させる。

4 成形

打ち粉をした作業台の上で、生地をめん棒でごく薄い円形にのばす。

5 焼成

フライパン（フッ素樹脂加工）を強火で熱し、生地を片面30秒ずつ焼く（2枚目以降は片面20秒で十分）。
※生地の粗熱が取れたら、好みの具をのせて巻き、両端を斜めにカットして切り揃えます。

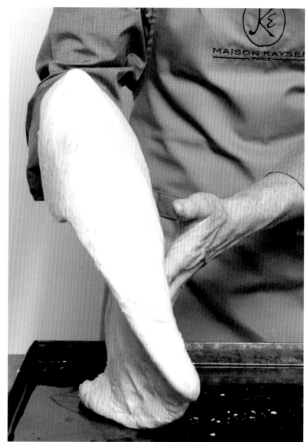

FOCACCIA AU ROMARIN

ローズマリーのフォカッチャ

 天板 (60×40cm)
1枚分 (仕込み量約980g)

時間

ミキシング……15分

一次発酵……2時間 (1時間後にパンチ)

二次発酵……1時間30分

焼成……15〜20分

材料

小麦粉 (タイプ65) ……500g

水 (20℃) ……330g

塩 (細粒) ……10g

ルヴァンリキッド (p.22) ……100g

生イースト……7g

ローズマリー……4〜5本

粗塩……ひとつまみ (仕上げ用)

オリーブオイル

　……30g＋適量 (敷き込み用、仕上げ用)

道具

天板 (60×40cm)

1 準備

ローズマリーは葉を摘んでボウルに入れ、オリーブオイルを加えて混ぜ、室温で一晩浸けておく。

2 ミキシング

機械ごねの場合：フックをつけたミキサーのボウルに小麦粉、水、塩、ルヴァンリキッド、生イーストを入れ、低速で5分まわしたあと、高速で7分まわしてミキシングする。1のローズマリーをオリーブオイルごと加え、さらに3分まわしてミキシングする。

手ごねの場合：作業台 (またはボウル) に小麦粉を盛り、真ん中に大きなくぼみを作る。くぼみ部分に水の半量、塩、ルヴァンリキッド、細かくほぐした生イーストを加え、ざっと混ぜる。残りの水を加えて全体がなじむまで混ぜ、さらに1のローズマリーをオリーブオイルごと加え、よく混ぜあわせる。生地にコシが出てなめらかになり、手や台につかなくなるまでしっかりこねる。

3 一次発酵

生地をひとまとめに丸め、濡れ布きんをかぶせて室温で2時間発酵させる。発酵開始から1時間後にパンチを入れる。

※生地がふくらみ、気泡が見えれば発酵完了。

4 成形 (敷き込み)

オリーブオイルを塗った天板に生地をのせ、天板いっぱいまで生地を指で押し広げる。

※オリーブオイルを塗らずにクッキングペーパーを敷いてもOK。

5 二次発酵

濡れ布きんをかぶせ、室温で1時間30分発酵させる。

オーブンの下段に別の天板を1枚差し込み、230℃に予熱する。

6 焼成

生地の表面全体に指でくぼみをつけ、くぼみ部分にオリーブオイルを少量垂らし、粗塩を散らす。予熱が完了したら、庫内の天板に水50cc (材料外) を注ぎ、すぐに生地をのせた天板を入れて15〜20分焼く。

7 窯出し

オーブンからフォカッチャを取り出し、網などに移して粗熱を取る。

CIABATTA AUX TOMATES SÉCHÉES ET BASILIC

ドライトマト＆バジルのチャバタ

 3個分
（仕込み量約1.1kg）

時間

ミキシング……16分

一次発酵……3時間
　　　　　　（1時間30分後にパンチ）

二次発酵……2時間

焼成……15分

材料

ファリーヌ・グリュオー……250g

小麦粉（タイプ65）……250g

水（16℃）……325g

塩……9g

ルヴァンリキッド（p.22）……100g

生イースト……3g

ドライトマト……100g

バジル……60g

オリーブオイル……30g＋適量（仕上げ用）

1 ミキシング

機械ごねの場合：フックをつけたミキサーのボウルにオリーブオイルとドライトマト、バジル以外の材料を入れ、低速で4分まわしたあと、高速で8分まわしてミキシングする。オリーブオイルを少しずつ加え、さらに4分まわしてミキシングする。こねあがったら、ドライトマトとバジルを加え、低速で2分まわして混ぜ込む。

手ごねの場合：作業台（またはボウル）に2種の粉を盛り、真ん中に大きくくぼみを作る。くぼみ部分に水の半量を入れ、くぼみの内側を混ぜる。塩、ルヴァンリキッド、細かくほぐした生イーストを加え、片手で混ぜながら、反対の手で土手の粉を徐々に混ぜ込む。少しずつ残りの水を加え、さらにオリーブオイルを加え、全体がなじむまでよく混ぜる。生地を両手でつかみ、台に力強くたたきつけ、手前に引っぱりあげては向こう側に折りたたみ、再びたたきつける。これを繰り返し、生地にコシが出てなめらかになり、手や台につかなくなるまでしっかりこねる。こねあがったら、ドライトマトとバジルを加えて混ぜ込む。

2 一次発酵

生地をひとまとめにし、濡れ布きんをかぶせて室温で3時間発酵させる。この間、1時間30分後にパンチを入れる。

3 分割／成形

打ち粉をした作業台の上で、生地を1個約375gに3分割し、それぞれ軽く先のとがっていないなまこ形に成形する。

4 二次発酵

クッキングペーパーを敷いた天板に生地を並べ、濡れ布きんをかぶせて室温で2時間発酵させる。

オーブンの下段に別の天板を1枚差し込み、250℃に予熱する。

5 焼成

庫内の天板に水50cc（材料外）を注ぎ、すぐに生地をのせた天板を入れて15分焼く。

6 窯出し

オーブンからチャバタを取り出し、表面に刷毛でオリーブオイルを塗り、網などに移して粗熱を取る。

HALLOT

ハラーブレッド

3個分
(仕込み量約900g)

時間

ミキシング……14分
一次発酵……70分
ベンチタイム……15分
二次発酵……1時間
焼成……18分

材料

小麦粉（タイプ65）……535g
水（16℃）……290g
塩……10g
生イースト……15g
砂糖……50g
オリーブオイル……30g
ごま、ケシの実……各適量

1 ミキシング

機械ごねの場合：フックをつけたミキサーのボウルにオリーブオイルとシード類以外の材料を入れ、低速で4分まわしたあと、高速で6分まわしてミキシングする。オリーブオイルを加え、さらに4分まわしてミキシングする。

手ごねの場合：作業台（またはボウル）に小麦粉を盛り、真ん中に大きなくぼみを作る。くぼみ部分に水の半量、塩、細かくほぐした生イースト、砂糖を入れ、ざっと混ぜる。残りの水を加えて混ぜ、さらにオリーブオイルを加え、全体がなじむまでよく混ぜる。生地にコシが出てなめらかになり、手や台につかなくなるまでしっかりこねる。

2 一次発酵

生地をひとまとめにし、濡れ布きんをかぶせて室温で40分休ませてから、冷蔵庫に入れて30分発酵させる。

3 分割＆丸め／ベンチタイム

打ち粉をした作業台の上で、生地を1個約100gに9分割し、それぞれ軽くラグビーボール形に丸める。濡れ布きんをかぶせ、室温で15分ベンチタイムを取る。

4 成形

1. 生地を手のひらで軽く押さえて平らにし、ガス抜きする。向こうから1／3を手前に折り、指で閉じ目を押さえる。180°回転させ、今度は1／3より少し奥から手前に折り、閉じ目を押さえる。最後に手前に2つに折って、手のひらのつけ根で閉じ目を押さえてくっつける。

2. 生地に両手をあてて転がし、30cmくらいの長さ（太さ約1.5cm）のひも状にのばす（中心部分には少しふくらみを持たせる）。残りの生地も同様にして成形する。

3. ひも状にした生地2本の端を斜めに重ねる（二等辺三角形の2辺をイメージする）。その中央に3本目をさらに重ねて押さえる。この3本の生地で三つ編みを作り、最後まで編んだら、3本の先端を重ねて押さえる。残りの生地も同様にして三つ編みにする。生地の表面にごまとケシの実をふりかける。

5 二次発酵

クッキングペーパーを敷いた天板に生地を並べ、濡れ布きんをかぶせて室温で1時間発酵させる。
オーブンの下段に別の天板を1枚差し込み、160℃に予熱する。

6 焼成

庫内の天板に水50cc（材料外）を注ぎ、すぐに生地をのせた天板を入れて18分焼く。

7 窯出し

オーブンからパンを取り出し、網などに移して粗熱を取る。

. M E M O .

ハラーブレッドはユダヤ教徒に親しまれているパン。編み込みが特徴的なこのパンは、主に安息日や祝祭日に食べられています。
—

LES PAINS

AUX INGRÉDIENTS

チーズやワインにあうパン

PAIN AU FROMAGE

パン・オ・フロマージュ

 6個分
（仕込み量約2.4kg）

時間

オートリーズ……1時間

ミキシング……11分

一次発酵……1時間30分

二次発酵……2時間

焼成……20分

材料

小麦粉（タイプ65）……1kg

水（16℃）……650g＋50g（足し水用）

塩……18g

ルヴァンリキッド（p.22）……200g

生イースト……5g

コンテチーズ（角切り）……370g

エメンタールチーズ（シュレッド）……100g

溶き卵……1個分

1 オートリーズ

機械ごねの場合：フックをつけたミキサーのボウルに小麦粉と水を入れ、全体が均一になるまで低速でまわして混ぜる。濡れ布きんをかぶせ、室温で1時間休ませる。

手ごねの場合：ボウルに小麦粉を盛り、真ん中に大きなくぼみを作る。くぼみ部分に水の2／3量を注ぎ、粉気がなくなるまで混ぜる。ボウルに濡れ布きんをかぶせ、室温で1時間休ませる。

2 ミキシング

機械ごねの場合：1のボウルに塩、ルヴァンリキッド、生イーストを加え、低速で4分まわしたあと、高速で4分まわしてミキシングする。足し水を少しずつ加えながら、さらに3分まわしてミキシングする。こねあがったら、コンテチーズを加え、超低速で2分まわして混ぜ込む。

手ごねの場合：1のボウルに残りの水、塩、ルヴァンリキッド、細かくほぐした生イーストを加え、よく混ぜあわせる。生地を作業台に取り出し、しっかりこねる。コシが出てなめらかになり、手や台につかなくなったら、足し水とコンテチーズを加えて混ぜ込む。

3 一次発酵

生地をひとまとめにし、濡れ布きんをかぶせて室温で1時間30分発酵させる。

4 分割／成形

打ち粉をした作業台の上で、生地を1個約410gに6分割し、それぞれバタール形に成形する。
※成形の際には、あまりきつく締めすぎないように注意。

5 二次発酵

クッキングペーパーを敷いた天板に生地を並べ、表面に刷毛で溶き卵を塗り、エメンタールチーズを散らす。濡れ布きんをかぶせ、室温で2時間発酵させる。
オーブンの下段に別の天板を1枚差し込み、230℃に予熱する。

6 焼成

庫内の天板に水50cc（材料外）を注ぎ、すぐに生地をのせた天板を入れて20分焼く。

7 窯出し

オーブンからパンを取り出し、網などに移して粗熱を取る。

PAIN AUX OLIVES

オリーブのパン

 3本分
（仕込み量約1.1kg）

時間

ミキシング……18分

一次発酵……2時間30分

（1時間後にパンチ）

ベンチタイム……20分

二次発酵……2時間

焼成……25〜30分

材料

小麦粉（タイプ65）……500g

水（16℃）……350g

塩……10g

ルヴァンリキッド（p.22）……100g

生イースト……3g

オリーブ（ブラック&グリーン、種なし）
　　……150g

オリーブオイル……35g

1 ミキシング

機械ごねの場合：フックをつけたミキサーのボウルにオリーブオイルとオリーブ以外の材料を入れ、低速で5分まわしたあと、高速で10分まわしてミキシングする。生地がなめらかになり、ボウルの側面からはがれるようになったら、オリーブオイルを少しずつ加えながら3分まわしてミキシングする。こねあがったら、粗く刻んだオリーブを加えて低速で2分まわして混ぜ込む。

手ごねの場合：作業台（またはボウル）に小麦粉を盛り、真ん中に大きなくぼみを作る。くぼみ部分に水の半量、塩、ルヴァンリキッド、細かくほぐした生イーストを入れ、ざっと混ぜる。残りの水とオリーブオイルを加え、全体がなじむまでよく混ぜる。生地にコシが出てなめらかになり、手や台につかなくなるまでしっかりこねる。こねあがったら、粗く刻んだオリーブを加えて混ぜ込む。

2 一次発酵

生地をひとまとめにし、濡れ布きんをかぶせて室温で2時間30分発酵させる。発酵開始から1時間後にパンチを入れる。

3 分割&丸め／ベンチタイム

打ち粉をした作業台の上で、生地を1個約380gに3分割し、それぞれ軽くラグビーボール形に丸める。濡れ布きんをかぶせ、室温で20分ベンチタイムを取る。

4 成形

パンチを入れないように注意しながら、生地を軽く手のひらで押して平らにする（**1**）。ナイフまたはスケッパーで中央に3本切り込みを入れ（**2**）、生地をねじる（**3** & **4**）。

5 二次発酵

クッキングペーパーを敷いた天板に生地を並べ、濡れ布きんをかぶせて室温で2時間発酵させる。

オーブンの下段に別の天板を1枚差し込み、220℃に予熱する。

6 焼成

生地の表面に刷毛で水（材料外、適量）を塗る。予熱が完了したら、庫内の天板に水50cc（材料外）を注ぎ、すぐに生地をのせた天板を入れて25〜30分焼く。

7 窯出し

オーブンからパンを取り出し、網などに移して粗熱を取る。

PAIN AUX NOIX, NOISETTES ET CURCUMA

くるみ、ヘーゼルナッツ、ターメリックのパン

 4個分
（仕込み量約1.2kg）

時間

ヘーゼルナッツとくるみの焙煎 ……15分

ミキシング ……15分

一次発酵 ……45分

ベンチタイム ……15分

二次発酵 ……1時間30分

焼成 ……20分

材料

小麦粉 (タイプ65) ……500g

水 (16℃) ……275g

塩 ……9g

ルヴァンリキッド (p.22) ……75g

生イースト ……5g

砂糖 ……35g

脱脂粉乳 ……25g

ターメリックパウダー ……10g

バター (室温に戻したもの) ……75g

くるみ ……75g

ヘーゼルナッツ ……75g

1 準備

天板の上にヘーゼルナッツとくるみを広げ、180℃に予熱したオーブンで15分ローストし、冷ましておく。

2 ミキシング

機械ごねの場合：フックをつけたミキサーのボウルに、ターメリック、バター、1以外の材料を入れ、低速で5分まわしたあと、高速で10分まわしてミキシングする。生地が十分になめらかになり、ボウルの側面からはがれるようになったら、ターメリック、バター、1を加えて低速で2分まわして混ぜ込む。

手ごねの場合：作業台 (またはボウル) に小麦粉を盛り、真ん中に大きなくぼみを作る。くぼみ部分に水の半量、ルヴァンリキッド、細かくほぐした生イースト、塩、脱脂粉乳、砂糖を入れ、ざっと混ぜる。残りの水を加えて全体がなじむまで混ぜ、さらにバターとターメリックを加えてよく混ぜあわせる。生地にコシが出てなめらかになり、手や台につかなくなるまでしっかりこねる。こねあがったら、1を加えて混ぜ込む。

3 一次発酵

生地をひとまとめにし、濡れ布きんをかぶせて室温で45分発酵させる。

4 分割&丸め／ベンチタイム

打ち粉をした作業台の上で、生地を1個約290gに4分割し、それぞれ軽く丸形に丸める。濡れ布きんをかぶせ、室温で15分ベンチタイムを取る。

5 成形

生地をバタール形に成形する。

6 二次発酵

クッキングペーパーを敷いた天板に生地を並べ、表面にシュヴロンのクープを入れ、濡れ布きんをかぶせて室温で1時間30分発酵させる。
オーブンの下段に別の天板を1枚差し込み、220℃に予熱する。

7 焼成

庫内の天板に水50cc (材料外) を注ぎ、すぐに生地をのせた天板を入れて20分焼く。

8 窯出し

オーブンからパンを取り出し、網などに移して粗熱を取る。

PAIN AUX FIGUES, NOISETTES ET FENOUIL

いちじくとヘーゼルナッツの入ったフェンネル風味のパン

3個分
（仕込み量約1.1kg）

時間

ヘーゼルナッツの焙煎 …… 15分

オートリーズ …… 1時間

ミキシング …… 11分

一次発酵 …… 2時間

ベンチタイム …… 15分

二次発酵 …… 2時間

焼成 …… 25分

材料

小麦粉（タイプ65）…… 500g

水（16℃）…… 325g＋25g（足し水用）

塩 …… 9g

ルヴァンリキッド（p.22）…… 100g

生イースト …… 3g

ドライいちじく …… 125g

ヘーゼルナッツ …… 50g

フェンネルシード …… 2g

ローズマリー（乾燥）…… 2g

1 準備

天板の上にヘーゼルナッツを広げ、180℃に予熱したオーブンで15分ローストし、冷ましておく。

2 オートリーズ

機械ごねの場合：フックをつけたミキサーのボウルに小麦粉と水を入れ、全体が均一になるまで低速でまわして混ぜる。濡れ布きんをかぶせ、室温で1時間休ませる。

手ごねの場合：ボウルに小麦粉を盛り、真ん中に大きなくぼみを作る。くぼみ部分に水の2／3量を注ぎ、粉気がなくなるまで混ぜる。ボウルに濡れ布きんをかぶせ、室温で1時間休ませる。

3 ミキシング

機械ごねの場合：**2**のボウルに塩、ルヴァンリキッド、生イースト、フェンネルシード、ローズマリーを加え、低速で4分まわしたあと、中速で4分まわしてミキシングする。足し水を少しずつ加えながら、さらに3分ミキシングする。こねあがったら、**1**と粗く刻んだいちじくを加え、低速で1分まわして混ぜ込む。

手ごねの場合：**2**のボウルに、残りの水、塩、ルヴァンリキッド、細かくほぐした生イースト、フェンネルシード、ローズマリーを加え、全体がなじむまでよく混ぜ、さらに足し水を加えてよく混ぜる。生地を作業台に取り出し、しっかりこねる。生地にコシが出てなめらかになり、手や台につかなくなったら、**1**と粗く刻んだいちじくを加えて混ぜ込む。

4 一次発酵

生地をひとまとめにし、濡れ布きんをかぶせて室温で2時間発酵させる。

5 分割＆丸め／ベンチタイム

打ち粉をした作業台の上で、生地を1個約370gに3分割し、それぞれ軽く丸形に丸める。濡れ布きんをかぶせ、室温で15分ベンチタイムを取る。

6 成形

生地をバタール形に成形する。

7 二次発酵

クッキングペーパーを敷いた天板に生地を並べ、濡れ布きんをかぶせて室温で2時間発酵させる。

オーブンの下段に別の天板を1枚差し込み、250℃に予熱する。

8 焼成

生地の表面にソーシソンのクープを入れる。予熱が完了したら、庫内の天板に水50cc（材料外）を注ぎ、すぐに生地をのせた天板を入れて15分焼き、温度を220℃に下げてさらに10分焼く。

9 窯出し

オーブンからパンを取り出し、網などに移して粗熱を取る。

PAIN AUX FLEURS

エディブルフラワーのパン

 2個分
（仕込み量約1.1kg）

時間

ミキシング……10分
一次発酵……2時間（1時間後にパンチ）
ベンチタイム……15分
二次発酵……2時間
焼成……30分

材料

小麦粉（タイプ65）……400g
ライ麦全粒粉（タイプ130）……100g
水（20℃）……325g
塩……9g
ルヴァンリキッド（p.22）……100g
生イースト……3g
食用花（エディブルフラワー）……200g

1 準備

ボウルに食用花50gとルヴァンリキッドを入れて混ぜ、冷蔵庫に一晩入れてルヴァンリキッドに花の香りを移す。

2 ミキシング

機械ごねの場合：フックをつけたミキサーのボウルに1を花をのぞいて入れ、花以外の残りの材料を加え、低速で4分まわしたあと、高速で6分まわしてミキシングする。生地がなめらかになり、ボウルの側面からはがれるようになったら、残りの花を加え、花を傷めないよう低速で1分まわして混ぜ込む。

手ごねの場合：作業台（またはボウル）に2種の粉を盛り、真ん中に大きくくぼみを作る。くぼみ部分に水の半量と1を花をのぞいて入れ、塩と細かくほぐした生イーストを加え、ざっと混ぜる。残りの水を加え、全体がなじむまでよく混ぜる。生地にコシが出てなめらかになり、手や台につかなくなるまでしっかりこねる。こねあがったら、残りの花を加えて花を傷めないように混ぜ込む。

3 一次発酵

生地をひとまとめにし、濡れ布きんをかぶせて室温で2時間発酵させる。発酵開始から1時間後にパンチを入れる。

4 分割&丸め／ベンチタイム

打ち粉をした作業台の上で、生地を1個約560gに2分割し、それぞれ軽く丸形に丸める。濡れ布きんをかぶせ、室温で15分ベンチタイムを取る。

5 成形

生地を丸形に成形する。
※閉じ目をあまり締めつけすぎないよう注意。

6 二次発酵

打ち粉をしたキャンバス布を布取りし（キャンバス布でうねを作る）、生地を閉じ目を下にして並べ、濡れ布きんをかぶせて室温で2時間発酵させる。
オーブンの下段に天板を1枚差し込み、250℃に予熱する。

7 焼成

クッキングペーパーを敷いた別の天板に、生地を裏返して並べる（閉じ目が上にくる）。予熱が完了したら、庫内の天板に水50cc（材料外）を注ぎ、すぐに生地をのせた天板を入れて20分焼き、温度を200℃に下げてさらに10分焼く。

8 窯出し

オーブンからパンを取り出し、網などに移して粗熱を取る。

PAIN AU THÉ VERT ET ORANGES CONFITES

抹茶とオレンジコンフィのパン

 6個分
（仕込み量約2.1kg）

時間

ミキシング……15分

一次発酵……3時間（1時間後にパンチ）

ベンチタイム……30分

二次発酵……2時間

焼成……17分

材料

小麦粉（タイプ65）……500g

ファリーヌ・グリュオー……500g

水（16℃）……600g

塩……18g

ルヴァンリキッド（p.22）……200g

生イースト……5g

砂糖……30g

抹茶パウダー……10g

オレンジコンフィ……200g

溶き卵……1個分

オリーブオイル……60g＋適量（仕上げ用）

1 準備

オレンジコンフィは粗く刻んでおく。

2 ミキシング

機械ごねの場合：フックをつけたミキサーのボウルに▌とオリーブオイル以外の材料を入れ、低速で5分まわしたあと、高速で8分まわしてミキシングする。オリーブオイルを加え、さらに2分ミキシングする。こねあがったら、▌を加えて超低速で1分まわして混ぜ込む。

手ごねの場合：作業台（またはボウル）に2種の粉を盛り、真ん中に大きなくぼみを作る。くぼみ部分に水の半量、塩、ルヴァンリキッド、細かくほぐした生イースト、砂糖を入れ、ざっと混ぜる。残りの水とオリーブオイルを加え、全体がなじむまで混ぜる。さらに抹茶と▌を加え、よく混ぜあわせる。生地にコシが出てなめらかになり、手や台につかなくなるまでしっかりこねる。

3 一次発酵

生地をひとまとめにし、濡れ布きんをかぶせて室温で3時間発酵させる。発酵開始から1時間後にパンチを入れる。

4 分割＆丸め／ベンチタイム

打ち粉をした作業台の上で、生地を1個約350gに6分割し、それぞれ軽く丸形に丸める。濡れ布きんをかぶせ、室温で30分ベンチタイムを取る。

5 成形

生地を丸形に成形する。

6 二次発酵

クッキングペーパーを敷いた天板の上に、閉じ目を下にして生地を並べる。生地の表面に刷毛で溶き卵を塗り、ポルカ模様のクープを入れ、濡れ布きんをかぶせて室温で2時間発酵させる。

オーブンの下段に別の天板を1枚差し込み、240℃に予熱する。

7 焼成

庫内の天板に水50cc（材料外）を注ぎ、すぐに生地をのせた天板を入れて17分焼く。

8 窯出し

オーブンからパンを取り出し、表面に刷毛でオリーブオイルを薄く塗り、網などに移して粗熱を取る。

PAIN AUX DATTES ET CURRY

デーツのカレー風味パン

7個分
（仕込み量約2.5kg）

時間

ミキシング……12分

一次発酵……2時間

二次発酵……2時間

焼成……20分

材料

小麦粉（タイプ65）……500g

ファリーヌ・グリュオー……500g

水（16℃）……650g

塩……18g

ルヴァンリキッド（p.22）……150g

生イースト……5g

はちみつ……100g

デーツ……500g

カレーパウダー……20g

ココナッツオイル
　……80g＋適量（仕上げ用）

1 準備

デーツは粗く刻んでおく。

2 ミキシング

機械ごねの場合：フックをつけたミキサーのボウルに**1**とココナッツオイル以外の材料を入れ、低速で4分まわしたあと、高速で5分まわしてミキシングする。ココナッツオイルを加え、低速で3分まわしてミキシングする。こねあがったら、**1**を加えて低速で2分まわして混ぜ込む。

手ごねの場合：作業台（またはボウル）に小麦粉とファリーヌ・グリュオーを盛り、真ん中に大きなくぼみを作る。くぼみ部分に水の半量、塩、ルヴァンリキッド、細かくほぐした生イースト、はちみつを入れ、ざっと混ぜる。残りの水を加えて全体がなじむまで混ぜ、さらにココナッツオイルとカレーパウダーを加え、よく混ぜあわせる。生地にコシが出てなめらかになり、手や台につかなくなるまでしっかりこねる。こねあがったら、**1**を加えて混ぜ込む。

3 一次発酵

生地をひとまとめにし、濡れ布きんをかぶせて室温で2時間発酵させる。

4 分割＆丸め

打ち粉をした作業台の上で、生地を1個約350gに7分割し、それぞれ軽く丸形に丸める。

5 二次発酵

クッキングペーパーを敷いた天板の上に、閉じ目を上にして生地を並べ、濡れ布きんをかぶせて室温で2時間発酵させる。
オーブンの下段に別の天板を1枚差し込み、220℃に予熱する。

6 焼成

庫内の天板に水50cc（材料外）を注ぎ、すぐに生地をのせた天板を入れて20分焼く。

7 窯出し

オーブンからパンを取り出し、すぐに表面に刷毛でココナッツオイルを薄く塗り、網などに移して粗熱を取る。

LES PAINS

BRIOCHÉS

ブリオッシュ系のパン

PAIN AU LAIT

パン・オ・レ

 7個分
（仕込み量約875g）

時間

ミキシング……17分

一次発酵……1時間

ベンチタイム……15分

二次発酵……2時間

焼成……13〜15分

材料

小麦粉（タイプ65）……500g

牛乳……230g

塩……10g

生イースト……20g

砂糖……35g

バター（室温に戻したもの）……80g

溶き卵……1個分

パールシュガー（あられ糖）……適量

1 ミキシング

機械ごねの場合：フックをつけたミキサーのボウルに小麦粉、牛乳、塩、生イースト、砂糖を入れ、低速で4分まわしたあと、高速で8分まわしてミキシングする。生地がひとかたまりにボウルの側面からはがれるようになったら、バターを加えてさらに5分まわしてミキシングする。

※生地にコシが出てなめらかになり、再びボウルの側面からはがれるようになればミキシング完了。

手ごねの場合：作業台（またはボウル）に小麦粉を盛り、真ん中に大きなくぼみを作る。くぼみ部分に牛乳の半量、塩、細かくほぐした生イースト、砂糖を入れ、ざっと混ぜる。残りの牛乳を加えて全体がなじむまで混ぜ、さらに角切りにしたバターを加えてよく混ぜあわせる。生地にコシが出てなめらかになり、手や台につかなくなるまでしっかりこねる。

2 一次発酵

生地をひとまとめに丸め、濡れ布きんをかぶせて室温で1時間発酵させる。

※生地がふくらめば発酵完了。

3 分割／ベンチタイム

打ち粉をした作業台の上で、生地を1個約125gに7分割する。濡れ布きんをかぶせ、室温で15分ベンチタイムを取る。

4 成形

生地を長さ約15cmのバタール形に成形する。

5 二次発酵

クッキングペーパーを敷いた天板の上に、閉じ目を下にして生地を並べる。表面に刷毛で溶き卵を塗り、濡れ布きんをかぶせて室温で2時間発酵させる。

オーブンを200℃に予熱する。

6 焼成

生地に再び溶き卵を塗り、ハサミで切り込みを入れる（ハサミの先端を溶き卵に浸してから、ハサミを生地の表面に滑り込ませて1cm間隔で切る）。生地の表面にパールシュガーを散らす。予熱が完了したら、オーブンで13〜15分焼く。

7 窯出し

オーブンからパンを取り出し、網などに移して粗熱を取る。

BRIOCHE AU CHOCOLAT BLANC

ホワイトチョコレートのブリオッシュ

 4個分
(仕込み量約1.1kg)

時間

ミキシング……18分

一次発酵……30分

ベンチタイム……30分

二次発酵……2時間

焼成……17分

材料

小麦粉 (タイプ65) ……500g

水 (16℃) ……225g

塩……10g

ルヴァンリキッド (p.22) ……75g

生イースト……5g

砂糖……35g

脱脂粉乳……25g

バター (室温に戻したもの) ……75g

チョコチップ (ホワイト) ……150g

溶き卵……1個分

1 ミキシング

<u>機械ごねの場合</u>：フックをつけたミキサーのボウルにバターとチョコチップ、溶き卵以外の材料を入れ、低速で5分まわしたあと、高速で8分まわしてミキシングする。生地がなめらかになり、ボウルの側面からはがれるようになったら、バターを加えて低速で5分ミキシングする。こねあがったら、チョコチップを加えて超低速で2分まわして混ぜ込む。

<u>手ごねの場合</u>：作業台 (またはボウル) に小麦粉を盛り、真ん中に大きなくぼみを作る。くぼみ部分に水の半量、塩、ルヴァンリキッド、細かくほぐした生イースト、砂糖、脱脂粉乳を入れ、ざっと混ぜる。残りの水を加えて全体がなじむまで混ぜ、さらに角切りにしたバターを加えてよく混ぜあわせる。生地にコシが出てなめらかになり、手や台につかなくなるまでしっかりこねる。こねあがったら、チョコチップを加えて混ぜ込む。

2 一次発酵

生地をひとまとめにし、濡れ布きんをかぶせて室温で30分発酵させる。

3 分割＆丸め／ベンチタイム

打ち粉をした作業台の上で、生地を1個約275gに4分割し、それぞれ軽く丸形に丸める。濡れ布きんをかぶせ、室温で30分ベンチタイムを取る。

4 成形

生地をバタール形に成形する。

5 二次発酵

クッキングペーパーを敷いた天板の上に、閉じ目を下にして生地を並べる。生地の表面に刷毛で溶き卵を塗り、すぐにソーシソンのクープを入れる。濡れ布きんをかぶせ、室温で2時間発酵させる。
オーブンを165℃に予熱する。

6 焼成

オーブンで17分焼く。

7 窯出し

オーブンからブリオッシュを取り出し、網などに移して粗熱を取る。

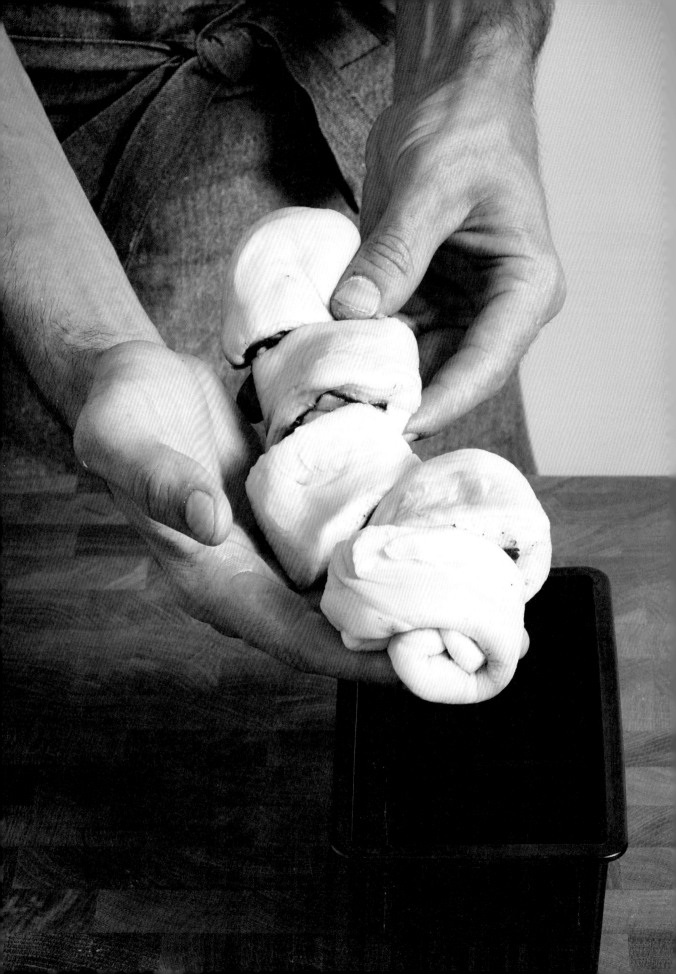

BRIOCHE CHOCO-BANANE

チョコ&バナナのブリオッシュ

パウンド型（25×11cm）
4台分（仕込み量約920g）

時間

ミキシング……17分

低温長時間発酵……12時間

二次発酵……1時間30分

焼成……20〜25分

材料

ブリオッシュ生地

小麦粉（タイプ55）……500g

牛乳……125g

塩……8g

生イースト……15g

砂糖……80g

卵……3個

バター（室温に戻したもの）……125g

溶き卵……1個分

フィリング

ビターチョコレート……175g

バナナ（輪切り）……2本分

バター……125g

ココアパウダー（無糖）……17g

粉糖……80g

シロップ

砂糖……50g

水……50g

道具

パウンド型（25×11cm）

1　ミキシング

<u>機械ごねの場合</u>：フックをつけたミキサーのボウルに小麦粉、塩、細かくほぐした生イースト、砂糖を入れる。低速でまわして混ぜたあと、牛乳、卵を加え、低速で4分まわし、高速にして8分ミキシングする。生地がなめらかになり、ボウルの側面からはがれるようになったら、バターを加えて低速で5分まわして練り込む。

※生地がなめらかになり、再びボウルの側面からはがれるようになればミキシング完了。

<u>手ごねの場合</u>：作業台（またはボウル）に小麦粉を盛り、真ん中に大きなくぼみを作る。くぼみ部分に牛乳の半量、塩、細かくほぐした生イースト、砂糖、卵を入れ、ざっと混ぜる。残りの牛乳を加えて全体がなじむまで混ぜ、さらにバターを角切りにして加えてよく混ぜあわせる。生地にコシが出てなめらかになり、手や台につかなくなるまでしっかりこねる。

2　低温長時間発酵

生地をひとまとめに丸めてボウルに入れ、生地の表面にラップをぴったりかけ、冷蔵庫に入れて12時間発酵させる。

3　フィリングを作る

ボウルにバターとチョコレートを入れ、湯煎またはレンジで溶かす。ココアと粉糖を加え、全体が均一になるまでよく混ぜる。涼しいところにおいて冷ましておく（フィリングは硬くなる）。

4　分割／成形

打ち粉をした作業台の上で、生地を1個約230gに4分割し、それぞれめん棒で長方形にのばす（横幅は型の長さ×縦は型の幅の3倍）。生地の表面に**3**を塗り広げ、輪切りにしたバナナを並べ（**1**）、手前からきつく巻いていく（**2**）。生地の表面に、2cm間隔で2／3まで垂直に切り込みを入れ（**3**）、交互に左右に軽く倒して稲穂に見立てる（**4**）。

5　二次発酵

バター（分量外、適量）を塗って打ち粉をはたいた型に、成形した生地を入れ、濡れ布きんをかぶせて室温で1時間30分発酵させる。

※生地が2倍にふくらめば発酵完了。

オーブンを180℃に予熱する。

6　焼成

型ごと天板にのせ、生地の表面に刷毛で溶き卵を塗る。予熱が完了したら、オーブンで20〜25分焼く。

※焼成中、焼き色が早くつきすぎるようなら、クッキングペーパーをかぶせて覆います。

7　シロップを作る

鍋に水と砂糖を入れて火にかけ、ひと煮立ちさせて砂糖を溶かす。

8 窯出し

オーブンからブリオッシュを取り出して型からはずし、表面に刷毛で**7**を塗り、網などに移して粗熱を取る。

1

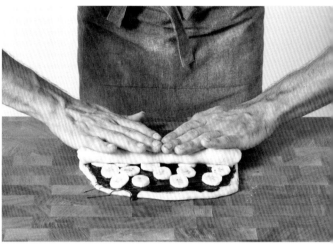

2

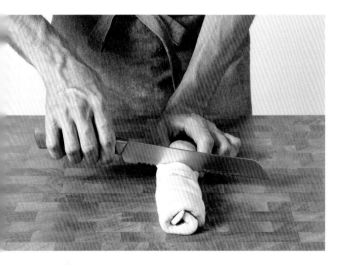

3

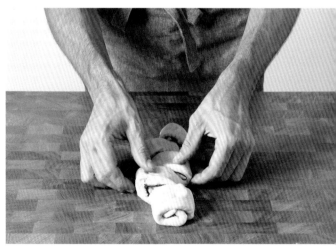

4

BRIOCHE VENDÉENNE

ブリオッシュ・ヴァンデーヌ（ヴァンデ地方風ブリオッシュ）

 パウンド型（25×11cm）
3台分（仕込み量約1.3kg）

時間

中種……15時間

ミキシング……30分

一次発酵
　　……2時間30分～12時間30分

二次発酵……1時間～1時間30分

焼成……25分

材料

小麦粉（タイプ45）……500g

牛乳……90g＋大さじ1（仕上げ用）

塩（細粒）……9g＋少々（仕上げ用）

生イースト……20g

卵……5個

砂糖……90g

バター（室温に戻したもの）……140g

ラム酒（ダークラム）……10g

オレンジフラワーエッセンス……6g

バニラビーンズペースト……6g

溶き卵……1個分

中種

小麦粉（タイプ45）……100g

水（20℃）……85g

塩（細粒）……2g

生イースト……2g

バター……適量（密封容器に塗る分）

道具

パウンド型（25×11cm）

1　中種を作る

ボウルに小麦粉と塩を入れ、ホイッパーで混ぜる（a）。別のボウルに生イーストを入れ、水を加えて溶かす（b）。bをaのボウルに加え、スパチュラで混ぜる。打ち粉をした作業台の上に取り出し、べたつかなくなるまでしっかりこねてひとまとめに丸める。バターを薄く塗ったふたつきの密封容器に入れ、冷蔵庫に15時間入れて発酵させる。

2　ミキシング

機械ごねの場合：フックをつけたミキサーのボウルに牛乳、卵、砂糖、ラム酒、オレンジフラワーエッセンス、バニラビーンズペーストを入れ、低速で混ぜる。生イーストを細かくほぐして加え、さらに小麦粉を加え、微速でまわして混ぜる。途中で塩を加え、全体が均一になるまでしっかりと混ぜる。**1**を加え、中速で15分まわしてミキシングする。生地がボウルの側面からはがれるようになったら、バターを少しずつ加えながら高速で15分まわしてミキシングする。

※生地が再びボウルの側面からはがれるようになり、ツヤが出てなめらかな状態になればミキシング完了。微速の機能がない場合、低速のスイッチを入れたり切ったりしながらミキシングします。

手ごねの場合：作業台（またはボウル）に小麦粉を盛り、真ん中に大きなくぼみを作る。くぼみ部分に牛乳の半量、卵、砂糖、ラム酒、オレンジフラワーエッセンス、バニラビーンズペースト、塩を入れ、細かくほぐした生イーストを加え、ざっと混ぜる。残りの牛乳と**1**を加え、全体がなじむまでよく混ぜ、さらにバターを角切りにして加えてよく混ぜあわせる。生地を台に力強くたたきつけ、手前に引っぱりあげて向こう側に折りたたみ、再びたたきつける。これを繰り返し、生地にコシが出てなめらかになり、手や台につかなくなるまでしっかりこねる。

3　一次発酵

軽く打ち粉をしたボウルに生地を入れ、ラップをぴったりとかぶせ、室温で30分発酵させる（この段階では、生地は少しふくらむ程度）。生地を冷蔵庫に入れ、2～12時間休ませる。
オーブンを40℃に予熱する。

4　分割／成形

打ち粉をした作業台の上で、生地を1個約145gに9分割し、それぞれ長さ25～30cmのひも状にのばす（**1**）。ひも状の生地3本を縦一列に並べ、端を重ねて押さえ、三つ編みを編んでいく（**2** & **3**）。編みおわりは、3本の先端を重ねて押さえ、裏に折り返す（**4**）。残りの生地も同様にして三つ編みにする。

5　二次発酵

クッキングペーパーを敷いた型に生地を入れ、表面に刷毛で牛乳大さじ1と塩少々を混ぜた溶き卵を塗る。あたたまったオーブン（25～30℃）に入れ、1時間～1時間30分休ませる。
再びオーブンを150℃に予熱する。

6　焼成

再び生地の表面に溶き卵を塗る。予熱が完了したら、オーブンで約25分焼く。
※焼き加減に注意。

7 窯出し

オーブンからブリオッシュを取り出し、網などに移して粗熱を取る。

1

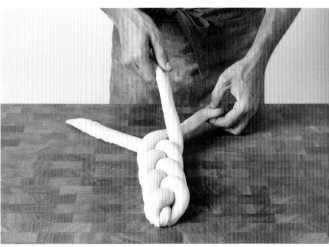

2

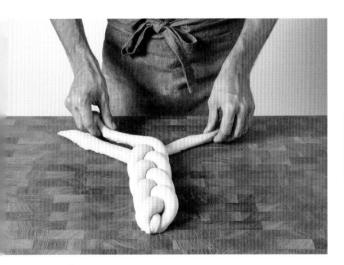

3

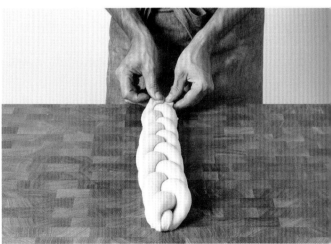

4

EKMEK AUX RAISINS ET NOIX DE PÉCAN

レーズン＆ピーカンナッツのエクメック

 3個分
（仕込み量約1.1kg）

時間

ミキシング……16分

一次発酵……2時間

ベンチタイム……30分

二次発酵……2時間

焼成……20分

材料

小麦粉（タイプ65）……500g

水（16℃）……275g

塩……9g

ルヴァンリキッド（p.22）……50g

生イースト……6g

はちみつ……75g

ピーカンナッツ……90g

レーズン……90g

シナモンパウダー……5g

オリーブオイル……25g＋適量（仕上げ用）

1　ミキシング

機械ごねの場合：フックをつけたミキサーのボウルに小麦粉、水、塩、ルヴァンリキッド、生イースト、はちみつ、シナモンを入れ、低速で5分まわしたあと、高速で8分まわしてミキシングする。生地がなめらかになり、ボウルの側面からはがれるようになったら、オリーブオイルを加えて低速で3分まわしてミキシングする。こねあがったら、ピーカンナッツとレーズンを加えて低速で2分まわして混ぜ込む。

手ごねの場合：作業台（またはボウル）に小麦粉を盛り、真ん中に大きなくぼみを作る。くぼみ部分に水の半量、塩、ルヴァンリキッド、細かくほぐした生イースト、はちみつを入れ、ざっと混ぜる。残りの水とオリーブオイル、シナモンを加え、全体がなじむまでよく混ぜる。生地にコシが出てなめらかになり、手や台につかなくなるまでしっかりこねる。こねあがったら、ピーカンナッツとレーズンを加えて混ぜ込む。

※機械ごねでも手ごねでも、ピーカンナッツは生でもOKですが、ローストした方がおいしくなるのでおすすめです。

2　一次発酵

生地をひとまとめにし、濡れ布きんをかぶせて室温で2時間発酵させる。

3　分割＆丸め／ベンチタイム

打ち粉をした作業台の上で、生地を1個約370gに3分割し、それぞれ軽く丸形に丸める。濡れ布きんをかぶせ、室温で30分ベンチタイムを取る。

4　成形

生地を丸形に成形する。

5　二次発酵

クッキングペーパーを敷いた天板の上に、閉じ目を下にして生地を並べ、濡れ布きんをかぶせて室温で2時間発酵させる。

オーブンの下段に別の天板を1枚差し込み、220℃に予熱する。

6　焼成

生地の表面にポルカ模様のクープを入れる。予熱が完了したら、庫内の天板に水50cc（材料外）を注ぎ、すぐに生地をのせた天板を入れて20分焼く。

7　窯出し

オーブンからエクメックを取り出し、すぐに表面に刷毛でオリーブオイルを塗り、網などに移して粗熱を取る。

EKMEK
CHOCO-COCO

チョコ＆ココナッツのエクメック

 3個分
（仕込み量約1.1kg）

時間

ミキシング……12分

一次発酵……2時間30分
　　　　　　（1時間15分後にパンチ）

ベンチタイム……20分

二次発酵……2時間

焼成……18分

材料

小麦粉（タイプ45）……425g

水（16℃）……325g

塩……9g

ルヴァンリキッド（p.22）……75g

生イースト……3g

ココナッツミルクパウダー……50g

はちみつ……50g

チョコチップ（ビター）……150g

ココナッツ（スライス）……60g

ココナッツ（シュレッド）……20g

オリーブオイル
　　……30g＋適量（仕上げ用）

1　ミキシング

機械ごねの場合：フックをつけたミキサーのボウルに小麦粉、水、塩、ルヴァンリキッド、生イースト、ココナッツミルク、はちみつを入れ、低速で4分まわしたあと、高速で5分まわしてミキシングする。オリーブオイルを加え、さらに3分まわしてミキシングする。生地がなめらかになり、ボウルの側面からはがれるようになったら、チョコチップとココナッツ（スライス）を加え、低速で2分まわして混ぜ込む。

手ごねの場合：作業台（またはボウル）に小麦粉を盛り、真ん中に大きなくぼみを作る。くぼみ部分に水の半量、塩、ルヴァンリキッド、細かくほぐした生イースト、ココナッツミルク、はちみつを入れ、ざっと混ぜる。残りの水とオリーブオイルを加え、全体がなじむまでよく混ぜる。生地にコシが出てなめらかになり、手や台につかなくなるまでしっかりこねる。こねあがったら、チョコチップとココナッツ（スライス）を加えて混ぜ込む。

2　一次発酵

生地をひとまとめにし、濡れ布きんをかぶせて室温で2時間30分発酵させる。発酵開始から、1時間15分後にパンチを入れる。

3　分割＆丸め／ベンチタイム

打ち粉をした作業台の上で、生地を1個約380gに3分割し、それぞれ軽く丸形に丸める。濡れ布きんをかぶせ、室温で20分ベンチタイムを取る。

4　成形

生地を丸形に成形する。

5　二次発酵

クッキングペーパーを敷いた天板の上に、閉じ目を下にして生地を並べ、濡れ布きんをかぶせて室温で2時間発酵させる。
オーブンの下段に別の天板を1枚差し込み、220℃に予熱する。

6　焼成

生地の表面にポルカ模様のクープを入れる。予熱が完了したら、庫内の天板に水50cc（材料外）を注ぎ、すぐに生地をのせた天板を入れて18分焼く。

7　窯出し

オーブンからエクメックを取り出し、すぐに表面に刷毛でオリーブオイルを塗り、ココナッツ（シュレッド）を散らし、網などに移して粗熱を取る。

VIENNOISE AU CHOCOLAT

ヴィエノワーズ・オ・ショコラ

 9本分
（仕込み量約1.1kg）

時間

ミキシング……15分
一次発酵……30分
二次発酵……2時間15分
焼成……20分

材料

小麦粉（タイプ65）……500g
水（16℃）……260g
塩……9g
ルヴァンリキッド（p.22）……75g
生イースト……5g
砂糖……35g
脱脂粉乳……25g
バター（室温に戻したもの）
　……75g＋適量（天板に塗る分）
チョコチップ（ビター）……150g
溶き卵……1個分

道具

フランスパン用天板

1　ミキシング

機械ごねの場合：フックをつけたミキサーのボウルにチョコチップ以外の材料を入れ、低速で5分まわしたあと、高速で10分まわしてミキシングする。生地がなめらかになり、ひとかたまりにボウルの側面からはがれるようになったら、チョコチップを加え、超低速で2分まわして混ぜ込む。

手ごねの場合：作業台（またはボウル）に小麦粉、塩、砂糖、脱脂粉乳を盛り、真ん中に大きなくぼみを作る。くぼみ部分に水の半量、ルヴァンリキッド、細かくほぐした生イーストを入れ、ざっと混ぜる。残りの水を加えて全体がなじむまで混ぜ、さらに角切りにしたバターを加えてよく混ぜあわせる。生地にコシが出てなめらかになり、手や台につかなくなるまでしっかりこねる。こねあがったら、チョコチップを加えて混ぜ込む。

2　分割＆丸め／一次発酵

打ち粉をした作業台の上で、生地を1個約125gに9分割し、それぞれ軽く丸形に丸める。濡れ布きんをかぶせ、室温で30分発酵させる。

3　成形

生地を小さなバゲット形に成形する。
※ガス抜きをするようにきつく締めながら成形します。

4　二次発酵

バターを薄く塗ったフランスパン用天板に生地を並べ、表面に刷毛で溶き卵を塗り、冷蔵庫に15分入れて休ませる。生地に再び溶き卵を刷毛で塗り、すぐにソーシソンのクープを入れる。濡れ布きんをかぶせ、室温で2時間発酵させる。
オーブンを170℃に予熱する。

5　焼成

オーブンで15分焼き、いったん天板を取り出してパンをひっくり返し、さらに5分焼いて裏面にも焼き色をつける。

6　窯出し

オーブンからパンを取り出し、網などに移して粗熱を取る。

BABKA

バブカ

 パウンド型 (25×11cm)
2台分 (仕込み量約1.3kg)

時間

ミキシング……15分

一次発酵……30分 (完了後にパンチ)

低温長時間発酵……12時間

二次発酵……1時間30分～2時間

焼成……25～30分

材料

小麦粉 (タイプ45)……500g

塩……9g

牛乳……200g

ルヴァンリキッド (p.22)……150g

生イースト……15g

卵……3個

砂糖……90g

バター (室温に戻したもの)

　……160g＋適量 (ボウルと型に塗る分)

溶き卵……1個分

フィリング

チョコレートスプレッド……360g

チョコチップ

　(ビター、またはローストしたヘーゼルナッツ)

　……80g

シロップ

水……40g

砂糖……40g

道具

パウンド型 (25×11cm)

1　ミキシング

機械ごねの場合：フックをつけたミキサーのボウルにバター以外の材料を入れ、中速で約10分まわしてミキシングする。生地がなめらかになり、ボウルの側面からはがれるようになったら、バターを加えて高速で5分まわしてミキシングする。

※生地が再びボウルの側面からはがれるようになれば、ミキシング完了。

手ごねの場合：作業台 (またはボウル) に小麦粉を盛り、真ん中に大きなくぼみを作る。くぼみ部分に牛乳の半量、塩、ルヴァンリキッド、細かくほぐした生イースト、砂糖、卵を入れ、ざっと混ぜる。残りの牛乳を加えて全体がなじむまで混ぜ、さらに角切りにしたバターを加えてよく混ぜあわせる。生地にコシが出てなめらかになり、手や台につかなくなるまでしっかりこねる。

2　一次発酵／低温長時間発酵

生地をひとまとめに丸め、バターを塗るか軽く打ち粉したボウルに入れ、濡れ布きんをかぶせて室温で約30分休ませる。パンチを入れてから、冷蔵庫に入れて12時間発酵させる。

3　成形

打ち粉をした作業台の上で、生地をめん棒で長方形にのばす (横は型の長さ、縦は型の幅の3倍、**1**)。生地の表面にフィリングのチョコレートスプレッドを塗り広げ、チョコチップを散らす (チョコチップは少しトッピング用に取っておく、**2**)。生地を手前から巻き (**3**)、中央で横半分に切る。生地を冷凍庫に入れ、10分休ませる。さらに生地をそれぞれ縦半分に切り、切り口を上にして2本ずつ重ねて編む (**4**)。

4　二次発酵

バターを塗った型に生地を入れ、取っておいたチョコチップを生地の表面に散らす。型ごと天板にのせ、濡れ布きんをかぶせて室温で1時間30分～2時間発酵させる。オーブンを160℃に予熱する。

※バターを塗らずにクッキングペーパーを敷いてもOK。

5　焼成

生地の表面に刷毛で溶き卵を塗る。予熱が完了したら、オーブンで25～30分焼く。

6　シロップを作る

鍋に水と砂糖を入れて火にかけ、ひと煮立ちさせて砂糖を溶かす。

7　窯出し

オーブンから型を取り出し、5分休ませてからパンを型からはずし、表面に刷毛で**6**を塗る。

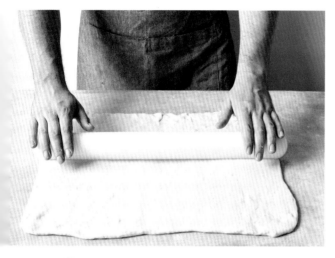

1

2

3

4

BRIOCHE À L'HUILE ET SUCRE DE COCO

ココナッツ風味のブリオッシュ

 4個分
（仕込み量約1.1kg）

時間

ミキシング……17分

一次発酵……2時間

ベンチタイム……30〜45分

二次発酵……2時間

焼成……25分

材料

強力粉……500g

塩……9g

生イースト……15g

生クリーム……220g

卵……2個

ココナッツシュガー……80g

バター（室温に戻したもの）……100g

ココナッツオイル……50g

溶き卵……1個分

1 ミキシング

機械ごねの場合：フックをつけたミキサーのボウルにココナッツオイルとバター以外の材料を入れ、低速で4分まわし、全体が均一になったら高速で8分まわしてミキシングする。生地がなめらかになり、ひとかたまりにボウルの側面からはがれるようになったら、ココナッツオイルとバターを加え、低速で5分まわして練り込む。

※生地が再びボウルの側面からはがれるようになれば、ミキシング完了（軽くべとつき感が残る状態）。

手ごねの場合：作業台（またはボウル）に強力粉を盛り、真ん中に大きなくぼみを作る。くぼみ部分に生クリームの半量、塩、細かくほぐした生イースト、ココナッツシュガー、卵を入れ、ざっと混ぜる。残りの生クリームを加えて全体がなじむまで混ぜ、さらにココナッツオイルと角切りにしたバターを加えてよく混ぜあわせる。生地にコシが出てなめらかになり、手や台につかなくなるまでしっかりこねる（軽くべとつき感が残る状態）。

2 一次発酵

生地をひとまとめにし、濡れ布きんをかぶせて室温で2時間発酵させる。

3 分割＆丸め／ベンチタイム

打ち粉をした作業台の上で、生地を1個約270gに4分割し、それぞれ軽く丸形に丸める。生地を天板に並べ、冷蔵庫に30〜45分入れてベンチタイムを取る。

4 成形

生地をはさむように両手をあて、下部を締めつけながら回転させて均一に丸形になるように丸めなおす。

5 二次発酵

クッキングペーパーを敷いた天板に生地を並べ、濡れ布きんをかぶせて室温で2時間発酵させる。

オーブンを150℃に予熱する。

※クッキングペーパーを敷かず、バター（分量外、適量）を塗ってもOK。

6 焼成

生地の表面に刷毛で溶き卵を塗る。予熱が完了したら、オーブンで25分焼く。

7 窯出し

オーブンからブリオッシュを取り出し、網などに移して粗熱を取る。

PAIN DE MIE JAPONAIS AU CHOCOLAT BLANC

ホワイトチョコレートの日本風パン・ド・ミ

パウンド型 (25×11cm)
2台分 (仕込み量約1.2kg)

時間

ミキシング……26分

一次発酵……30分

ベンチタイム……1時間

二次発酵……2時間30分

焼成……30〜40分

材料

ファリーヌ・グリュオー……500g

水 (16℃)……300g

塩……9g

ルヴァンリキッド (p.22)……75g

生イースト……6g

砂糖……60g

脱脂粉乳……60g

バター (室温に戻したもの)……75g

ココアパウダー (無糖)……22g

生クリーム……10g

チョコチップ (ホワイト)……80g

溶き卵……1個分

粉糖……適量

道具

パウンド型 (25×11cm)

1 ミキシング

機械ごねの場合：フックをつけたミキサーのボウルにファリーヌ・グリュオー、水、塩、ルヴァンリキッド、生イースト、砂糖、脱脂粉乳を入れ、低速で4分まわし、全体が均一になったら高速で13分まわしてミキシングする。生地がなめらかになり、ひとかたまりにボウルの側面からはがれようになったら、バターと生クリームを加えて低速で7分まわし、完全に練り込まれるまでミキシングする。多少べたつきが残る状態ながらも、生地が再び側面からはがれるようになったら、ココアを加えて中速で2分まわしてミキシングする。こねあがったら、チョコチップを加えて低速で1分まわして混ぜ込む。

手ごねの場合：作業台 (またはボウル) にファリーヌ・グリュオーを盛り、真ん中に大きなくぼみを作る。くぼみ部分に水の半量、塩、ルヴァンリキッド、細かくほぐした生イースト、砂糖、脱脂粉乳を入れ、ざっと混ぜる。残りの水を加えて全体がなじむまで混ぜ、さらに生クリームと角切りにしたバター、ココアを加え、よく混ぜあわせる。生地にコシが出てなめらかになり、手や台につかなくなるまでしっかりこねる。こねあがったら、チョコチップを加えて混ぜ込む。

2 一次発酵

生地をひとまとめにし、濡れ布きんをかぶせて室温で30分発酵させる。

3 分割＆丸め／ベンチタイム

打ち粉をした作業台の上で、生地を1個約300gに4分割し、それぞれ軽く丸形に丸める。生地を天板に並べ、冷蔵庫に1時間入れてベンチタイムを取る。

4 成形

生地をはさむように両手をあて、下部を締めつけながら回転させて均一に丸形になるように丸めなおす。型に2個ずつ生地を並べて入れる。

5 二次発酵

型ごと天板にのせ、濡れ布きんをかぶせて室温で2時間30分発酵させる。
オーブンを160℃に予熱する。

6 焼成

生地の表面に刷毛で溶き卵を塗る。予熱が完了したら、オーブンで30〜40分焼く。

7 窯出し

オーブンから取り出してパンを型からはずし、網などに移して冷ます。パンが冷めたら、表面に粉糖をふるう。

PAIN DE MIE JAPONAIS PISTACHE-CERISE

ピスタチオ＆チェリーの日本風パン・ド・ミ

 パウンド型 (25×11cm)
2台分 (仕込み量約1.2kg)

時間

ミキシング……26分

一次発酵……30分

ベンチタイム……1時間

二次発酵……2時間30分

焼成……30〜40分

材料

ファリーヌ・グリュオー……500g

水 (16℃)……300g

塩……9g

ルヴァンリキッド (p.22)……75g

生イースト……6g

砂糖……60g

脱脂粉乳……60g

バター (室温に戻したもの)……75g

クレームエペス (発酵したダブルクリーム)
……50g

ピスタチオペースト……55g

ピスタチオ (砕いたもの)……50g

チェリー (種なし)……100g

溶き卵……1個分

道具

パウンド型 (25×11cm)

1 ミキシング

機械ごねの場合：フックをつけたミキサーのボウルにファリーヌ・グリュオー、水、塩、ルヴァンリキッド、生イースト、砂糖、脱脂粉乳を入れ、低速で4分まわし、全体が均一になったら高速で13分まわしてミキシングする。生地がなめらかになり、ひとかたまりにボウルの側面からはがれようになったら、バターとクレームエペスを加えて低速で7分まわし、完全に練り込まれるまでミキシングする。多少べたつきが残る状態ながらも、生地が再び側面からはがれるようになったら、ピスタチオペーストを加えて中速で2分ミキシングする。こねあがったら、チェリーを加えて低速で1分まわして混ぜ込む。

手ごねの場合：作業台 (またはボウル) にファリーヌ・グリュオーを盛り、真ん中に大きなくぼみを作る。くぼみ部分に水の半量、塩、ルヴァンリキッド、細かくほぐした生イースト、砂糖、脱脂粉乳を入れ、ざっと混ぜる。残りの水を加えて全体がなじむまで混ぜ、さらにクレームエペスと角切りにしたバターを加えてよく混ぜあわせる。生地にコシが出てなめらかになり、手や台につかなくなるまでしっかりこねる。こねあがったら、ピスタチオペーストを練り込み、さらにチェリーを加えて混ぜ込む。

2 一次発酵

生地をひとまとめにし、濡れ布きんをかぶせて室温で30分発酵させる。

3 分割＆丸め／ベンチタイム

打ち粉をした作業台の上で、生地を1個約300gに4分割し、それぞれ軽く丸形に丸める。生地を天板に並べ、冷蔵庫に1時間入れてベンチタイムを取る。

4 成形

生地をはさむように両手をあて、下部を締めつけながら回転させて均一に丸形になるように丸めなおす。型に2個ずつ生地を並べて入れる。

5 二次発酵

型ごと天板にのせ、濡れ布きんをかぶせて室温で2時間30分発酵させる。
オーブンを160℃に予熱する。

6 焼成

生地の表面に刷毛で溶き卵を塗り、ピスタチオを散らす。予熱が完了したら、オーブンで30〜40分焼く。

7 窯出し

オーブンから取り出してパンを型からはずし、網などに移して粗熱を取る。

INDEX PAR RECETTO

レシピ索引

INDEX PAR INGRÉDIENT
材料別索引

著者　エリック・カイザー

フランスのアルザス地方に生まれ、南フランスのフレジュスでパン職人として修業を開始。15歳でパン職人の資格、19歳でパン技術指導者の資格を取得後、フランスで重要な位置を占めるパン職人組合に加入し、フランス各地でパン職人として仕事をはじめる。各種のコンテストで優勝を重ねたのち、フランス最高峰の国立製パン学校I.N.B.P.にて後進の指導にあたる。以後、自身の名を冠したブーランジェリーを展開するとともに、フランスおよびフランス周辺諸国、アメリカ、中東、東南アジア諸国にてベーカリーコンサルタントとして製パン指導も行い、伝統的かつハイクオリティなフランスの天然酵母パンとフランスの食文化の普及に取り組んでいる。主な著書に『100％パン ── エリック・カイザー 60のレシピ』（毎日新聞社）、『MAISON KAYSER〜メゾンカイザーのパンの本』（宝島社）、『メゾンカイザーのパンレシピ とっておきのパン＆ヴィエノワーズリー 95のレシピ』（弊社）などがある。

監修　木村周一郎

現代では科学的に製パンを理解する必要があると考え、アメリカで唯一の米国食品医薬品局研究機関である米国立製パン研究所へ留学し、ベーキングサイエンスを研究。卒業後、ニューヨークで最も評価の高いパン屋Amy's Breadにて修業し、バゲットのスーパーバイザーなどを務める。その後、フランスへ渡り、ブーランジェリー エリック カイザーにて修業。腕前と経営センスを見込まれ、エリック カイザーの在日パートナーとして株式会社ブーランジェリーエリックカイザージャポンを設立。近年は、慶應義塾大学や明海大学などにおいてホスピタリティー産業についての講義を定期的に行うなど、多岐にわたり活躍している。著書に『メゾンカイザー木村周一郎のパン』（グラフ社）、監修本に『100％パン ── エリック・カイザー 60のレシピ』（毎日新聞社）、『MAISON KAYSER〜メゾンカイザーのパンの本』（宝島社）、『メゾンカイザーのパンレシピ とっておきのパン＆ヴィエノワーズリー 95のレシピ』（弊社）などがある。

https://maisonkayser.jp

メゾンカイザーのおいしいパンレシピ
家庭で楽しむ52の本格パン

2023年10月25日　初版第1刷発行

著者／エリック・カイザー（©Éric Kayser）
写真／マッシモ・ペシーナ
発行者／西川正伸
発行所／株式会社グラフィック社
〒102-0073 東京都千代田区九段北1-14-17
Phone. 03-3263-4318　Fax. 03-3263-5297
http://www.graphicsha.co.jp
振替 00130-6-114345

制作スタッフ
監修／木村周一郎
翻訳／柴田里芽
デザイン／田村奈緒
校正／別府由紀子
編集／鶴留聖代
制作・進行／矢澤聡子（グラフィック社）

印刷・製本／図書印刷株式会社

ISBN 978-4-7661-3773-6 C2077
Printed in Japan